[DE]UXIÈME EXAMEN DE LICEN[CE]

EXPLICATION DE LA LOI DU 24 MAI 1872 SUR LE CONSEIL D'ÉTAT ET LE TRIBUNAL DES CONFLITS

PAR M. F. BŒUF

RÉPÉTITEUR DE DROIT.

PARIS
DAUVIN FRÈRES, LIBRAIRES-ÉDITEURS
26, rue Soufflot et boulevard Saint-Michel, 63.

1872

DEUXIÈME EXAMEN DE LICENCE

EXPLICATION

DE LA

LOI DU 24 MAI 1872

SUR LE

CONSEIL D'ÉTAT

ET LE

TRIBUNAL DES CONFLITS

PAR M. F. BŒUF

RÉPÉTITEUR DE DROIT.

PARIS

DAUVIN FRÈRES, LIBRAIRES-ÉDITEURS

26, rue Soufflot et boulevard Saint-Michel, 63.

1872

PREFACE

Nous donnons l'explication de la loi du 24 mai 1872 sur la réorganisation du Conseil d'État.

Cette loi, comme nous le verrons, n'est qu'une combinaison plus ou moins heureuse des diverses législations antérieures, notamment de la loi du 19 juillet 1845 et de la loi du 3 mars 1849.

Elle est une sorte de transaction entre les doctrines de la monarchie constitutionnelle de 1830 et celles de la République de 1848.

Cette loi est l'expression assez fidèle de la variété des opinions et de la divergence des systèmes politiques que représente notre Assemblée nationale.

Nous donnons à la fin de nos explications : 1° un tableau synoptique, 2° le texte même de la loi du 24 mai 1872.

LOI

SUR

LE CONSEIL D'ÉTAT

ET LE

TRIBUNAL DES CONFLITS

I. — CONSEIL D'ÉTAT

NOTIONS HISTORIQUES.

L'origine du Conseil d'Etat remonte aux anciens Conseils du roi, disparus avec la monarchie.

Ce fut la constitution du 22 frimaire an VIII qui, en établissant le Consulat, créa le Conseil d'Etat dont l'institution s'est perpétuée jusqu'à nos jours avec les transformations que lui ont fait subir les divers régimes politiques qui se sont succédé.

Nous indiquerons sommairement, dans ces notions historiques, les divers caractères du Conseil d'Etat sous le Consulat et le premier Empire, sous la Monarchie constitutionnelle de 1814 et de 1830, sous la République de 1848 et sous le second Empire.

Consulat et premier Empire. — D'après la constitution du 22 frimaire an VIII et le règlement du 5 nivôse de la même année, le Conseil d'Etat était chargé, sous la direction des consuls :

1° De rédiger les projets de loi, d'en présenter les motifs et d'en soutenir la discussion devant le Corps législatif ;

2° De rédiger les règlements d'administration publique ;

3° De résoudre les difficultés qui pouvaient s'élever en matière administrative.

Il fut également investi de la mission d'*interpréter* obligatoirement le sens des lois et de statuer sur les *conflits* qui pouvaient s'élever entre l'administration et les tribunaux.

Ses attributions étaient ainsi : *législatives*, *administratives* et *contentieuses*; mais, dans tous les cas, le Conseil d'Etat n'avait pas de pouvoir propre ; il n'était qu'un conseil chargé d'éclairer le gouvernement, de lui donner des avis.

Le Conseil d'Etat se composait de 30 à 40 membres. Il était divisé en cinq sections (Législation, Finances, Guerre, Marine, Intérieur.) Il délibérait en sections et en assemblée générale.

L'assemblée générale était présidée par le premier Consul.

Chaque section, à défaut du deuxième ou du troisième Consul, était présidée par un conseiller d'Etat, nommé chaque année par le premier Consul.

Un arrêté du 7 fructidor an VIII distingua le service du Conseil d'Etat en service ordinaire et en service extraordinaire.

Le sénatus-consulte du 16 thermidor an X éleva à 50 le maximum du nombre des conseillers d'Etat et donna aux ministres rang, séance et voix *délibérative* au Conseil d'Etat.

L'entrée des ministres au Conseil d'Etat, avec voix délibérative, fut un premier lien entre l'administration active et l'administration délibérative, entre la pratique et la théorie. L'élément pratique dans le sein du Conseil d'Etat fut encore augmenté plus tard par la création de conseillers d'Etat en service ordinaire hors section.

Un arrêté du 19 germinal an XI institua les *auditeurs* auprès des ministres et du Conseil d'Etat. Ils étaient chargés de développer, dans les sections du Conseil d'Etat, les motifs des propositions faites par les ministres. Cette institution était une sorte de noviciat administratif devant servir à initier les auditeurs à la pratique et à la théorie. Les auditeurs étaient destinés, après un certain nombre d'années de services, à remplir des places dans la carrière administrative ou judiciaire.

Sous *l'Empire*, le sénatus-consulte organique du 28 floréal an XII ajouta une sixième section, celle du commerce, aux cinq sections précédemment établies. En outre, il conférait aux couseillers d'Etat l'inamovibilité, après cinq ans de service ordinaire.

En 1806 deux décrets très-remarquables : du 11 juin et du 22 juillet, vinrent compléter l'institution du Conseil d'Etat, principalement au point de vue des attributions contentieuses.

Le décret du 11 juin 1806 créa :

1° Les *maîtres des requêtes*, destinés à faire le rapport des affaires contentieuses ;

2° Une *commission* du contentieux, chargée de la préparation et de l'instruction des affaires contentieuses, composée de 6 maîtres des requêtes et de 6 auditeurs, et présidée par le ministre de la justice ;

3° Les *avocats au conseil*, chargés de représenter les parties en matière contentieuses, ayant seuls le droit de signer leurs requêtes et mémoires.

Ce décret permit, en outre, de désigner des conseillers d'Etat en service ordinaire *hors section* et étendit aux maîtres des requêtes ainsi qu'aux auditeurs la division du service en ordinaire et extraordinaire.

Le décret du 22 juillet 1806 établit un règlement général de procédure pour les affaires contentieuses. Ce règlement est d'autant plus à remarquer qu'il est encore en vigueur et qu'il a été formellement maintenu par la nouvelle loi de 1872. Il constitue un véritable code de procédure devant le Conseil d'Etat (1).

Le Conseil d'Etat du Consulat et de l'Empire eut un grand caractère d'unité et de puissance. Avec un Corps législatif muet, un Sénat délibérant en secret, il fut la seule assemblée politique qui possédât des orateurs et qui formât des hommes d'Etat. Il fut la plus haute presonnification du gouvernement.

Il devint, dit M. de Cormenin, « le contrôleur « plutôt que l'auxiliaire, et le supérieur plutôt que « l'égal des ministres, le suprême tribunal de la « justice administrative et le véritable législateur. »

(1) C'est dans la même année qu'avait été décrété le Code de procédure civile.

Royauté constitutionnelle de 1814 *et de* 1830.—Sous le système représentatif, avec la parole et la discussion restituées aux Chambres, avec le principe de la responsabilité ministérielle, le Conseil d'Etat perdit son caractère politique. Les ministres ne dépendant plus du chef de l'Etat, mais étant responsables des actes du gouvernement et de l'administration devant les Chambres, durent reprendre leur liberté d'action. Le Conseil d'Etat fut dépouillé de sa participation à la puissance législative ; il cessa d'avoir la suprématie sur les ministres, dont le rôle devint prépondérant, et dont il ne fut plus que l'auxiliaire. Il redescendit, suivant les expressions de M. de Cormenin, au rôle modeste de donneur d'avis et de juge administratif.

Il fut fractionné en divers comités dépendants et subordonnés aux ministres qui le présidèrent.

En matière contentieuse, les ordonnances des 2 février et 12 mars 1831 introduisirent trois innovations: la *publicité des audiences*, le *débat oral*, l'institution d'un *ministère public* représenté par les maîtres des requêtes (1).

Le Conseil d'Etat, organisé de nouveau par une ordonnance du 18 septembre 1839, avait été depuis longtemps l'objet d'attaques assez vives. On faisait remarquer que ni la Charte de 1814, ni celle de 1830, n'en faisaient mention ; que son institution était illégale et inconstitutionnelle. Ce fut pour répondre

(1) Ces trois innovations n'ont été introduites, devant le Conseil de préfecture, en matière contentieuse, qu'en 1862. La loi du 21 juin 1865, sur les Conseils de préfecture, les a formellement consacrées. (Voir notre résumé de droit administratif, troisième édition, page 99).

à ces critiques que l'on substitua le régime de la loi au régime des ordonnances.

La loi du 19 juillet 1845, reproduisant les principes de l'ordonnance de 1839, vint consacrer l'institution du Conseil d'Etat comme rouage constitutionnel.

D'après cette loi, le Conseil d'Etat se composait: des ministres secrétaires d'Etat, de conseillers d'Etat, de maîtres des requêtes et d'auditeurs. La nomination de ces derniers était soumise à certaines conditions de capacité et notamment à l'admissibilité par une commission spéciale.

Le Conseil d'Etat était présidé par le garde des sceaux ou en son absence par un vice-président nommé par le roi.

On distinguait le service ordinaire et le service extraordinaire. Ce dernier se composait de conseillers d'Etat ou de maîtres des requêtes remplissant ou ayant rempli des fonctions publiques.

Après dix ans, les conseillers d'Etat ou les maîtres des requêtes pouvaient être nommés conseillers d'Etat ou maîtres des requêtes honoraires.

Le Conseil d'Etat n'avait toujours qu'un pouvoir consultatif.

Il *pouvait* être appelé à donner son avis sur les projets de loi ou d'ordonnance et sur les questions qui lui étaient soumises par les ministres.

Il donnait *nécessairement* son avis sur les ordonnances portant règlement d'administration publique ou sur celles qui devaient être rendues dans la forme de ces règlements.

Il *proposait* les ordonnances qui statuaient sur les affaires administratives ou contentieuses dont l'examen lui était déféré par des dispositions législatives ou réglementaires.

Le Conseil d'Etat conservait ainsi ses attributions législatives, administratives et contentieuses ; mais, en matière législative, son rôle était considérablement réduit. Il n'avait plus le pouvoir de rédiger la loi, ni d'en soutenir la discussion par ses orateurs devant les Chambres ; il n'avait pas même le droit d'être consulté; son avis n'était pas nécessaire, et en fait il n'était guère demandé. Il avait perdu, depuis longtemps, le droit d'interpréter obligatoirement le sens des lois.

En matière contentieuse, ses conseils prirent un peu plus d'autorité. Le roi ne pouvait s'en écarter et prendre une décision contraire à ses propositions que par une ordonnance *motivée*, rendue en *conseil des ministres*, et insérée au *Moniteur* et au *Bulletin des lois*.

République de 1848. — La constitution républicaine de 1848 consacrait l'institution d'un Conseil d'Etat, comme une concession faite aux partisans de deux Chambres. Cette concession était plus apparente que réelle, car les membres du Conseil d'Etat devaient être nommés par l'Assemblée nationale et pouvaient être pris dans son sein. Le Conseil d'Etat n'était ainsi qu'une délégation de l'Assemblée elle-même. En réalité, le Conseil d'Etat avait été établi pour contrôler le pouvoir exécutif et servir de contre-poids au gouvernement du Président de la République, issu, comme l'Assemblée nationale, du suffrage universel.

Les membres du Conseil d'Etat devaient être nommés pour six ans et renouvelés par moitié tous les trois ans, à l'époque du renouvellement de l'Assemblée nationale. Le Conseil d'Etat devait ainsi se trouver associé à l'existence et à l'esprit de chaque Assemblée.

La présidence appartenait au vice-président de la République.

Les membres du Conseil d'Etat ne pouvaient être révoqués que par l'Assemblée et sur la proposition du Président de la République.

Pour la première fois, depuis la constitution de l'an VIII, le jugement des *conflits d'attribution* entre l'autorité administrative et l'autorité judiciaire lui fut retiré et confié à un tribunal spécial, appelé *Tribunal des conflits*.

Une loi organique du 3 mars 1849 vint compléter et développer les principes de la constitution.

Le Conseil d'Etat se composait du vice-président de la République, président, et de 40 conseillers d'Etat, nommés par l'Assemblée nationale, et dont la moitié au plus, lors de la première formation et des renouvellements ultérieurs, pouvaient être élus parmi les membres de l'Assemblée nationale.

Il y avait, en outre, 24 maîtres des requêtes, nommés et révoqués par le Président de la République; 24 auditeurs nommés à la suite d'un concours; un secrétaire genéral nommé et révoqué par le Président de la République, et un secrétaire du contentieux nommé par le Président du Conseil d'Etat.

Les ministres avaient bien entrée au Conseil, mais sans voix délibérative.

Le service extraordinaire était supprimé; seulement le Conseil d'Etat pouvait convoquer dans son sein, sur la désignation des ministres, les chefs de service et les fonctionnaires pouvant l'éclairer. Il pouvait même appeler à prendre part à ses délibérations, avec voix consultative, des membres de sociétés savantes, des magistrats ou des administrateurs ou des citoyens ayant des connaissances spéciales.

Le Conseil d'Etat était divisé en trois sections: la section de législation, la section d'administration, la section du contentieux.

Ces trois sections correspondaient à ses trois sortes d'attributions : législatives, administratives et contentieuses.

En matière *législative* le Conseil d'Etat *devait* être consulté sur tous les projets de loi du gouvernement, sauf quelques exceptions. Il n'était consulté sur les projets d'initiative parlementaire ou même sur les projets du gouvernement qui étaient exceptés d'un avis nécessaire, que si l'Assemblée nationale jugeait à propos de les lui renvoyer.

En tout cas, le gouvernement pouvait le charger de préparer et de rédiger les projets de loi sur les matières pour lesquelles il réclamait son initiative et de donner seulement son avis sur les projets d'initiative parlementaire.

En matière *administrative*, le Conseil d'Etat était principalement chargé :

1° De faire les règlements d'administration publique, avec pouvoir propre, dans tous les cas où il avait reçu de la loi une délégation *spéciale* à cet égard; dans les autres cas, de préparer les règlements qui devaient ensuite être approuvés par le pouvoir exécutif. Pour l'exercice de cette mission, la délibération avait lieu dans la section de législation, parce que les règlements d'administration publique sont le complément et le développement de l'œuvre législative;

2° De donner son avis sur toutes les questions qui lui étaient soumises par le Président de la République et les ministres ;

3° De donner nécessairement son avis sur l'exercice du droit de grâce, sur la révocation des agents du pouvoir exécutif élus par les citoyens, sur la dissolution des Conseils généraux ou d'arrondissement, cantonaux et municipaux.

En matière *contentieuse*, il statuait en dernier ressort sur le contentieux administratif. Dans ce cas, à la différence de ce qui avait lieu précédemment, le Conseil d'Etat avait un pouvoir de *décision propre*, et la *seule* section du contentieux rendait définitivement le jugement, de la même manière que les tribunaux judiciaires. La justice administrative n'était plus retenue, comme autrefois, par le chef du pouvoir exécutif ; elle était déléguée comme la justice ordinaire.

En résumé, les principales modifications apportées par la constitution de 1848 et la loi de 1849 à l'institution du Conseil d'Etat étaient les suivantes :

1° Au point de vue de l'*organisation* :

Nomination des conseillers d'Etat par le pouvoir législatif; présidence retirée aux ministres et confiée au vice-président de la République; rôle effacé des ministres qui n'ont plus voix délibérative dans le sein du Conseil ; suppression du service extraordinaire,

2° Au point de vue des *attributions* ;

En matière *législative* : avis *nécessaire* sur la plupart des projets de loi présentés par le gouvernement.

En matière *administrative* : droit de faire définitivement, avec pouvoir propre, tous les règlements d'administration publique, dans le cas d'une délégation spéciale de la loi. — Avis nécessaire pour l'exercice du droit de grâce, la révocation des agents du pouvoir nommés par l'élection, la dissolution des conseils généraux, cantonaux et municipaux.

En matière *contentieuse* : pouvoir de *décision propre* accordé à la section du contentieux. — Jugement des *conflits d'attribution* confié à un *tribunal spécial* composé de quatre conseillers d'Etat et de quatre conseillers à la Cour de cassation, présidé par le ministre de la justice, ou, à son défaut, par le ministre de l'instruction publique.

Second Empire. — Le Conseil d'Etat, sous la constitution de 1852 et sous le *second Empire*, avait été réorganisé sur les bases de la constitution de l'an VIII.

Il était composé de six sections.

Il comprenait des conseillers d'Etat en service ordinaire, des conseillers d'Etat en service ordinaire hors section, des conseillers d'Etat en service extraordinaire ; des maîtres des requêtes, des auditeurs, les uns et les autres divisés en deux classes et pouvant également faire partie du service extraordinaire, un secrétaire général ayant, en dernier lieu, le titre de conseiller d'Etat.

Tous les membres étaient nommés et révoqués par le chef d'Etat.

Les ministres avaient rang, séance et voix délibérative au Conseil d'Etat.

Il était présidé par le chef de l'Etat ou par le président du Conseil d'Etat, appelé, en 1863, ministre présidant le Conseil d'Etat.

Ses attributions étaient toujours législatives, administratives et contentieuses. Mais, dans tous les cas, il n'avait pas de pouvoir propre. Il n'était qu'un simple conseil du gouvernement, comme sous la législation de l'an VIII.

Le tribunal des conflits avait été supprimé et le jugement des conflits, qui avait toujours appartenu au Conseil d'Etat, avant 1848, lui avait été restitué.

Spécialement en matière *contentieuse*, le Conseil d'Etat ne délibérait plus en assemblée générale, après examen de la section spéciale du contentieux. Les affaires contentieuses étaient délibérées dans une assemblée *spéciale*, composée de la section du contentieux et de dix membres, dont deux pris dans chacune des cinq autres sections. C'est une innovation consacrée par la loi nouvelle.

— Après la Révolution du 4 septembre 1870, le gouvernement de la Défense nationale institua une *Commission provisoire*, chargée de remplacer le Conseil d'Etat du second Empire et de statuer sur les affaires urgentes.

LÉGISLATION ACTUELLE.

(*Loi du* 24 *mai* 1872.)

Le 1er juin 1871, le gouveruement déposa un projet de loi sur la réorganisation du Conseil d'État.

Ce prcjet, qualifie de provisoire, était un emprunt

fait aux législations précédentes de 1845, de 1849 et de 1852.

D'après ce projet, le Conseil d'Etat ne devait pas avoir un caractère politique ; les membres en devaient être nommés par le gouvernement, il devait être présidé par un ministre, comme sous la législation de 1845.

A l'imitation de la loi de 1849, il ne devait plus y avoir de conseillers d'Etat en service extraordinaire avec voix délibérative ; le Conseil d'Etat devait avoir un pouvoir propre en matière contentieuse, et le jugement des conflits lui était retiré pour être confié à un tribunal spécial.

Conformément à la législation de 1852, le Conseil d'Etat était appelé à délibérer sur les affaires contentieuses en assemblée *spéciale*.

La Commission du Corps législatif, ayant pour rapporteur M. Batbie, n'admettait pas le projet du gouvernement.

Elle voulait : que le projet ne fût pas qualifié de provisoire ; que l'Assemblée nationale elle-même, comme en 1848, nommât les conseillers d'Etat, que ceux-ci nommassent le Président et les Présidents de sections, que les ministres eussent individuellement voix délibérative dans les affaires ressortissant de leur ministère, qu'il y eût des conseillers d'Etat en service extraordinaire, ayant voix délibérative dans les affaires dépendant de leur administration ; que le tribunal des conflits ne fût pas présidé, comme en 1849, par le ministre de la justice, afin d'éviter, avec les changements de ministres, la mobilité dans la jurisprudence ; qu'en conséquence, à côté des deux éléments administratif et judiciaire, représentés par des conseillers d'Etat et des conseillers à la Cour de cassation, il y eût un troisième élément formé de juges nommés par l'Assemblée nationale.

La discussion du projet de loi donna lieu à une foule de critiques.

On contesta l'utilité de l'institution d'un Conseil d'Etat, dont l'origine remonte aux anciens conseils du roi de la monarchie, et dont l'organisation et le développement datent du Consulat et de l'Empire. Le Conseil d'Etat, disait-on, pouvait être un rouage utile sous un gouvernement absolu, ayant besoin de conseil; mais, sous un gouvernement représentatif, le Conseil d'Etat n'avait pas de raison d'être, parce qu'au point de vue politique, il était un obstacle à la responsabilité ministérielle et qu'au point de vue administratif, il était une entrave à l'initiative individuelle et perpétuait le système d'une centralisation excessive.

On attaqua surtout ses attributions contentieuses, en faisant observer qu'elles étaient une usurpation sur le pouvoir judiciaire, qui devait être distinct du pouvoir administratif; on demandait que ces attributions de juge lui fussent enlevées et confiées aux tribunaux ordinaires, dont l'inamovibilité et l'indépendance étaient une garantie pour les justiciables dans leurs procès avec l'administration, et dont l'accès leur était plus facile.

Enfin une grave discussion s'éleva sur la question de savoir à qui appartiendrait la nomination des conseillers d'Etat. Le gouvernement avait d'abord énergiquement réclamé pour le Pouvoir exécutif le droit de nommer tous les membres du Conseil d'Etat, conformément aux anciennes traditions du Consulat et de l'Empire et de la Monarchie constitutionnelle. La Commission du Corps législatif résista et soutint que les conseillers d'Etat devaient, comme sous la République de 1848, être nommés par l'Assemblée nationale, parce que le Conseil d'Etat devait être surtout le délégué du législateur, s'inspirant notamment de son esprit pour l'exercice du pouvoir réglementaire qui lui était confié (1).

Un accord s'établit entre le Gouvernement et la Commission. Le projet de loi fut amendé, et après trois délibérations fut votée, le 24 mai 1872, la loi dont nous allons donner l'explication.

Nous examinerons successivement :

1° L'organisation du Conseil d'Etat ;

2° Ses attributions ;

3° Ses formes de procéder.

I. ORGANISATION DU CONSEIL D'ÉTAT.

I. COMPOSITION. — Le Conseil d'Etat se compose :

1° De 22 conseillers d'Etat en service ordinaire ;

2° De 15 conseillers d'Etat en service extraordinaire ;

3° De 24 maîtres des requêtes ;

(1) Au milieu de ces discussions, un amendement proposé par M. Target demandait, avec assez de raison et de logique, que le projet de la loi sur le Conseil d'Etat fût ajourné jusqu'à e que le pays fût doté d'une constitution et qu'en attendant, gouvernement fût chargé d'augmenter le personnel de la ommission provisoire instituée par le gouvernement de la éfense mationale. Cet amendement fut rejeté.

4° De 30 auditeurs dont 10 de première classe et 20 de deuxième classe ;

5° D'un secrétaire général, ayant rang et titre de maître des requêtes ;

6° D'un secrétaire spécial attaché au contentieux (art. 1).

Les ministres ont rang et séance à l'assemblée générale du Conseil d'Etat. Chacun d'eux a voix délibérative, en matière *non contentieuse*, pour les affaires qui dépendent de son ministère (art. 2.)

Le Conseil d'Etat est présidé par le garde des sceaux, ministre de la justice, et, en son absence, par un vice-président nommé par décret du Président de la République, et choisi parmi les conseillers d'Etat en service ordinaire. En l'absence du garde des sceaux et du vice-président, le Conseil d'Etat est présidé par le plus ancien des présidents de section, en suivant l'ordre du tableau (art 4).

Le Garde des sceaux a voix délibérative toutes les fois qu'il préside, soit l'assemblée générale, soit les sections (art. 2).

Nomination, suspension et révocation. — Les conseillers d'Etat en service ordinaire sont élus, comme en 1848, par l'Assemblée nationale ; mais ils ne peuvent être choisis parmi les membres de l'Assemblée nationale, et les députés démissionnaires ne peuvent être élus que six mois après leur démission.

Ils peuvent être suspendus pour deux mois au plus par le Président de la République et, après l'expiration du délai de suspension, l'Assemblée nationale les maintient ou les révoque.

Les conseillers d'Etat sont renouvelés par tiers tous les trois ans ; de telle sorte qu'un tiers reste en fonctions pendant neuf ans (art. 3) (1).

Les conseillers d'Etat en service extraordinaire, sont nommés par le Président de la République. Ce sont des membres de l'administration active qui apportent au Conseil d'Etat le tribut de leurs lumières et de leur expérience. Ils perdent leur titre de plein droit, dès qu'ils cessent d'appartenir à l'administration active.

Les Maîtres des requêtes, le Secrétaire général et le Secrétaire spécial du contentieux sont nommés par le Président de la République, sur la présentation du vice-président et des présidents de section. Ils ne peuvent être révoqués que par des décrets individuels rendus après avoir pris l'avis des présidents (art. 5).

Les auditeurs sont divisés en deux classes. La première classe, la plus importante, se compose de 10 auditeurs ; la deuxième classe, dans laquelle on débute, en comprend 20.

Chacune de ces deux classes d'auditeurs se recrute par la voie du concours ; autrefois, sous la législation de 1845 et de 1852, il y avait déjà deux classes d'auditeurs ; mais il n'y avait qu'un seul concours, au moment de l'entrée dans la carrière ; désormais chaque classe d'auditeurs sera soumise à un concours. C'est peut-être la meilleure innovation de la loi.

Plusieurs différences existent entre ces deux classes d'auditeurs :

(1) C'est ainsi que se renouvelait autrefois le Conseil général, avant la loi du 10 août 1871. Depuis cette dernière loi, les membres du Conseil général sont nommés pour six ans et renouvelables par moitié tous les trois ans.

1° Pour les auditeurs de deuxième classe, les formes et conditions du concours seront déterminées par un règlement d'administration publique que le Conseil d'Etat sera chargé de faire; — pour les auditeurs de 1re classe, les formes du concours sont déterminées par le règlement du 9 mai 1849. (1) Les auditeurs de 2e classe sont seuls admis à concourir (2).

2° Les auditeurs de deuxième classe ne restent en fonctions que pendant quatre années. — La durée des fonctions des auditeurs de première classe n'est pas limitée.

3° Les auditeurs de deuxième classe, qui ne font qu'un noviciat administratif, ne reçoivent aucune indemnité. — Les auditeurs de première classe qui, par l'épreuve d'un deuxième concours, ont ainsi manifesté leur désir d'entrer définitivement dans la carrière administrative, reçoivent un traitement égal

(1) Les conditions du concours sont : d'être Français, jouissant de ses droits, d'avoir de 21 à 25 ans, de produire un diplôme de licencié en droit, ès-sciences ou ès-lettres, un diplôme de l'École des Chartes, ou un certificat attestant qu'on a satisfait aux examens de sortie de l'École polytechnique, de l'École nationale des Mines, de l'École forestière, ou un brevet d'officier dans les armées de terre et de mer (art. 5 du règlement).

Il y a une épreuve préparatoire et des épreuves définitives. L'épreuve préparatoire consiste en une composition par écrit sur un sujet relatif à la législation administrative.

Les épreuves définitives consistent en une épreuve par écrit et une épreuve orale (art. 12, 13 et 18 du règlement).

(2) Par exception, sont admis au premier concours de la première classe les candidats, âgés de 25 à 30 ans, qui remplissent les conditions prescrites par l'art. 5 du règlement du 9 mai.

Les anciens auditeurs au Conseil d'Etat et ceux qui ont été attachés à la Commission provisoire instituée par le décret du 15 sept. 1870 sont dispensés des épreuves préparatoires.

à la moitié de celui des maîtres des requêtes, et le tiers au moins des places de maîtres des requêtes leur est réservé.

Les auditeurs, tant de seconde que de première classe, ne peuvent être révoqués que par des décrets individuels, sur l'avis du Vice-Président du Conseil d'Etat délibérant avec les Présidents de section.

— Les employés des bureaux sont nommés par le vice-président du Conseil d'Etat, sur la proposition du Secrétaire général (art. 5).

Conditions d'âge.—Nul ne peut être nommé conseiller d'Etat, s'il n'est âgé de 30 ans accomplis; maître des requêtes, s'il n'est âgé de 27 ans; auditeur de deuxième classe, s'il a moins de 21 ans et plus de 25; auditeur de première classe, s'il a moins de 25 ans et plus de 30 (art. 6) (1).

Incompatibilités. — Les fonctions de conseiller d'Etat en service ordinaire et de maître des requêtes sont incompatibles avec toute fonction publique salariée. Néanmoins les officiers généraux ou supérieurs de l'armée de terre et de mer, les inspecteurs et ingénieurs des ponts et chaussées, des mines et de la marine, les professeurs de l'enseignement supérieur, peuvent être détachés au Conseil d'Etat. Ils conservent, pendant la durée de leurs fonctions, les droits attachés à leur position, sans pouvoir toutefois cumuler leur traitement avec celui de conseiller d'Etat.

(1) Par exception, pour le premier concours des auditeurs de 2e classe, les candidats seront admis à concourir jusqu'à l'âge de 27 ans accomplis.

Les auditeurs de 2e classe, nommés au premier concours, seront admis à concourir pour la première classe jusqu'à l'âge de 32 ans (art. 29).

Les fonctions de conseiller, de maître des requêtes sont incompatibles avec celles d'administrateur de toute compagnie privilégiée ou subventionnée(art. 7).

Honorariat. — Les conseillers d'Etat et les maîtres des requêtes, lorsqu'ils quittent leurs fonctions, peuvent être nommés conseillers ou maîtres des requêtes *honoraires*.

Le titre d'auditeur et de maître des requêtes en *service extraordinaire* est supprimé (art. 7).

II. Division du conseil d'état en sections. — Le Conseil d'Etat est divisé en *quatre* sections, dont trois sont chargées d'examiner les affaires d'administration pure et une de juger les recours contentieux (1).

Les sections, autres que la section du contentieux, se composent de 4 conseillers et d'un président.

La section du contentieux se compose de six conseillers d'Etat et du vice-président du Conseil d'Etat.

Les présidents de section sont nommés par décret du Président de la République et choisis parmi les conseillers en service ordinaire. C'est une concession faite au gouvernement, qui avait réclamé la nomination des conseillers d'Etat en service ordinaire.

Les conseillers en service ordinaire sont répartis

(1) Sous le second Empire, comme sous le premier Empire et la Monarchie constitutionnelle il y avait six sections ou comités. Sous la République de 1848 le Conseil d'Etat était divisé en trois sections correspondant à ses trois sortes d'attributions. La division en quatre sections, adoptée par la loi nouvelle, a été motivée sur la réduction du personnel du Conseil d'Etat.

entre les sections par décrets du Président de la République.

Les conseillers en service extraordinaire, les maîtres des requêtes et les auditeurs sont distribués entre les sections par arrêtés du ministre de la justice, suivant les besoins du service (art. 10).

III. MODES DE DÉLIBÉRATION. — Nous verrons que le Conseil d'Etat délibère tantôt en sections, tantot en assemblée générale, tantôt en assemblée spéciale du contentieux.

Les conseillers d'Etat en service ordinaire ont voix délibérative : soit dans les sections, soit dans les assemblées du Conseil.

Les conseillers d'Etat en service extraordinaire ont voix délibérative : soit dans les sections auxquelles ils sont attachés, soit dans l'assemblée générale, pour les affaires qui dépendent du département ministériel auquel ils appartiennent. Dans les autres affaires, ils n'ont que voix consultative.

Les maîtres des requêtes ont voix délibérative soit dans les sections, soit à l'assemblée générale, dans les affaires dont le rapport leur est confié. Dans les autres affaires, ils n'ont que voix consultative.

Les auditeurs ont voix délibérative à leur section et voix consultative à l'assemblée générale, seulement dans les affaires dont ils sont les rapporteurs (art. 11).

Quant aux ministres, ils ont voix délibérative à l'assemblée générale et spécialement le garde des sceaux a voix délibérative, soit à l'assemblée générale, soit même aux sections, autres que la section du contentieux.

II. Attributions.

Le Conseil d'Etat a des attributions *législatives*, *administratives* et *contentieuses.*

Il y a plusieurs intérêts à distinguer ces trois sortes d'attributions :

1° Dans l'exercice de ses attributions *législatives* et *administratives*, le Conseil d'Etat n'a jamais qu'un pouvoir consultatif ; il donne seulement des *avis*. Dans l'exercice de ses attributions *contentieuses*, il a un pouvoir propre ; il rend des *décisions*, exécutoires par elles-mêmes.

2° En matière *législative* ou *administrative*, l'affaire est délibérée en sections et ensuite, au besoin, en assemblée générale, suivant des distictions qui doivent être faites dans un règlement d'administration publique. En matière *contentieuse*, l'affaire est délibérée en la section spéciale du contentieux et habituellement ensuite dans une *assemblée spéciale*, mais jamais en assemblée générale.

3° Spécialement en matière *législative*, l'avis du Conseil n'est jamais que *facultatif*, en ce sens qu'il peut ou non être demandé. En matière *administrative*, comme nous le verrons, tantôt son avis est *nécessaire*, en ce sens qu'il doit être demandé, tantôt son avis est *facultatif*, en ce sens qu'il peut ou non être demandé.

§ I. Attributions législatives. — Le Conseil d'Etat donne son avis :

1° Sur les projets d'initiative parlementaire que l'Assemblée nationale *juge à propos* de lui renvoyer ;

2° Sur les projets de lois préparés par le gouvernement et qu'un *décret spécial* ordonne de soumettre au Conseil d'Etat.

Des conseillers d'Etat *peuvent* être chargés par le gouvernement de soutenir, devant l'Assemblée, les projets de lois qui ont été renvoyés à l'examen du Conseil (art. 8).

Il résulte de ces dispositions que les attributions législatives du Conseil d'Etat sont très-réduites. C'est un retour à la loi de 1845.

Sous la législation de l'an VIII et de 1852, c'est-à-dire sous le Consulat, le premier et le second Empire, le Conseil d'Etat était nécessairement chargé de la *rédaction* des projets de loi et de leur *discussion* devant le Corps législatif et même, en 1852, devant le Sénat.

Sous la loi de 1849, on distinguait: le Conseil d'Etat donnait nécessairement son avis sur les projets de loi du gouvernement, sauf quelques exceptions; quant aux projets d'initiative parlementaire et quant à ceux du gouvernement qui étaient compris dans les exceptions, il n'était appelé à donner son avis que si l'Assemblée nationale jugeait à propos de les lui renvoyer.

§ II. Attributions administratives. — En matière administrative, le Conseil d'Etat est appelé à donner son avis : tantôt d'une manière facultative, tantôt d'une manière impérative.

Avis facultatifs. Il *peut* être consulté sur les projets de décret et en général sur toutes les questions qui lui sont soumises par le Président de la République ou par les ministres.

Avis nécessaires. Le Conseil d'Etat est nécessairement appelé à donner son avis :

1° Sur les *règlements* d'administration publique;

2° Sur les décrets en *forme* de règlements d'administration publique.

Les *règlements d'administration publique* sont des décrets généraux et réglementaires, destinés à compléter la loi, à en développer les dispositions; ils sont la continuation et l'extension de l'œuvre du législateur.

C'est ainsi que l'art. 1042 du Code de procédure civile déclare qu'il sera fait pour la taxe des frais et pour la police et la discipline des tribunaux, des règlements d'administration publique; c'est ainsi qu'aux termes des art. 615 et 617 du Code de commerce, un règlement d'administration publique doit déterminer le nombre des tribunaux de commerce et les villes qui sont susceptibles d'en recevoir, le nombre des juges et des suppléants devant composer chacun de ces tribunaux. La loi même que nous expliquons sur le Conseil d'Etat, nous donne des exemples de cas où des règlements d'administration publique doivent être faits. C'est ainsi qu'aux termes de l'art. 5 le Conseil d'Etat doit déterminer, par un règlement, les formes et conditions du concours pour les auditeurs de 2e classe. De même l'art. 10 décide qu'un règlement d'administration publique statuera sur l'ordre intérieur des travaux du Conseil, sur la répartition des affaires entre les sections, sur la nature des affaires qui devront être portées à l'Assemblée générale, sur le mode de roulement des membres entre les sections et sur les mesures d'exécution non prévues par la loi.

Les décrets en *forme* de règlements d'administration publique sont des décrets individuels ou spéciaux qui ne sont rendus que sur l'avis du Conseil d'Etat ; tels sont : les décrets d'autorisation des sociétés d'assurances sur la vie et des associations de la nature des tontines (1); les décrets autorisant certains travaux publics, autres que les grands travaux publics entrepris par l'Etat, pour lesquels il faut une loi (loi du 27 juillet 1870); les décrets de concession de mines, de dessèchement de marais; les décrets autorisant l'établissement d'un octroi dans une commune; les décrets conférant une naturalisation, un changement de nom; les décrets statuant sur l'appel comme d'abus, autorisant des communautés religieuses, etc.

Le Conseil d'Etat exerce, en outre, toutes les attributions qui étaient conférées à l'ancien Conseil d'Etat, par les lois ou règlements qui n'ont pas été abrogés (art. 8 (2).

§ III. Attributions contentieuses. — Les attributions contentieuses du Conseil d'Etat se réfèrent à la imission de juge. Elles supposent des réclamations qu

(1) Ce sont les seules sociétés pour lesquelles, depuis la loi du 24 juillet 1867, l'autorisation du gouvernement en Conseil d'Etat scit nécessaire. Avant cette loi, toutes les sociétés anonymes ne pouvaient être établies qu'avec l'autorisation du Conseil d'Etat.

(2) Le décret du 19 septembre 1870, ayant aboli l'art. 75 de la constitution de l'an VIII, le Conseil d'Etat n'intervient plus pour autoriser des poursuites contre les agents du gouvernement.

s'appuient sur un droit méconu et sur lesquelles le Conseil d'État est appelé à statuer comme tribunal administratif; à ce titre elles présentent un sérieux intérêt.

D'après la nouvelle loi, le Conseil d'Etat, comme sous la République de 1848, est investi, en matière contentieuse, d'un pouvoir de *décision propre*. Ainsi que nous l'avons dit déjà, il ne donne pas un simple avis, il ne propose pas un simple projet de décision; il prononce souverainement le jugement, il rend lui-même la décison, comme un tribunal ordinaire(1).

En matière contentieuse, le Conseil d'État peut être envisagé à trois points de vue. Il exerce, en effet, son rôle de juge : soit comme tribunal de cassation, soit comme tribunal d'appel, soit comme tribunal de premier et dernier ressort.

I. *Comme tribunal de cassation*, le Conseil d'État, par analogie des attributions de la Cour de cassation, statue :

1° Sur les questions de compétence entre les autorités administratives, en matière contentieuse; en un mot, sur les conflits de *juridictions* administra-

(1) Par suite de son droit de statuer *souverainement*, en matière contentieuse, le Conseil d'État ne pourrait plus, pour les contraventions de grande voirie, abaisser les peines établies par d'anciens règlements au-dessous du tarif fixé par la loi de 1842 (20me pour les amendes fixes, de 16 à 300 francs pour les amendes arbitraires). Il serait tenu, comme le Conseil de préfecture, d'appliquer la loi, et de rester dans les limites de la réduction autorisée. Le Chef de l'État seul aurait le droit de faire grâce (voir ce que disons, à cet égard, pages 116 et 117 de notre Résumé de droit administratif, 3me édition).

tives (1) c'est-à-dire sur les luttes de compétence entre deux ou plusieurs tribunaux administratifs et qui donnent lieu à des pourvois en *règlement de juge*.

2° Sur les recours pour *incompétence* et *excès de pouvoirs* contre les actes de l'autorité administrative, (lois des 7-14 octobre 1790 et 27 avril-25 mai 1791). Ces recours sont remarquables à plusieurs titres: 1° Ils sont admis, d'une manière générale, contre toute décision administrative, sans qu'il y ait à distinguer si elle émane de l'administration active, de l'administration délibérative ou de l'administration contentieuse. C'est ainsi qu'une décision purement administrative d'un ministre et une délibération d'un conseil général peuvent être attaquées pour cause d'incompétence ou d'excès de pouvoir, aussi bien qu'une décision émanée d'un tribunal administratif; 2° ils sont ouverts non-seulement contre des décisions en dernier ressort, mais aussi contre des décisions susceptibles d'appel. Par suite, la décision d'un préfet peut être déferée au Conseil d'Etat pour cause d'incompétence ou d'excès de pouvoirs, directement, *omisso medio*, c'est-à-dire sans qu'elle ait été préalablement soumise à un recours devant le ministre; 3° ils sont dispensés de la constitution d'un avocat au Conseil d'Etat (Décret du 2 novembre 1864).

(1) C'était aussi le Conseil d'Etat qui statuait autrefois sur les conflits *d'attributions*, c'est-à-dire sur les luttes de compétence entre l'autorité administrative et l'autorité judiciaire; mais la nouvelle loi, comme nous l'expliquerons bientôt, s'inspirant de la législation de 1848, a confié la mission de statuer, à cet égard, à un tribunal spécial, appelé *tribunal des conflits*.

L'art. 9 de la nouvelle loi reproduit formellement le principe consacré par les lois de l'Assemblée constituante, en disant que le Conseil d'Etat statue souverainement sur les demandes d'annulation pour excès de pouvoirs formées contre les actes des *diverses* autorités administratives.

3° Sur les recours fondés sur la violation des *formes ou de la loi* contre les décisions rendues en *dernier ressort*, en matière contentieuse, par les tribunaux administratifs. Il est à remarquer que ces recours ne sont autorisés qu'autant qu'un *texte spécial* de loi l'a déclaré. C'est une difference saillante avec les pourvois formés devant la Cour de cassation, et qui sont admis, dans tous les cas, et d'une manière général, dès qu'ils sont fondés sur une violation de la loi (1).

Les décisions en dernier ressort qu'un texte spécial permet ainsi d'attaquer pour violation de la loi sont, notamment : les *arrêts de la Cour des comptes* (art. 17, loi du 16 septembre 1807).

Les decisions, au contraire, qui ne pourraient pas être attaquées, pour cette cause, sont celles des conseils de révision de l'armée (art. 25, loi du 21 mars 1832). L'art. 31 de la nouvelle loi sur le recrutement, que vient de voter l'Assemblée nationale, reproduit ce principe, en déclarant que les décisions du conseil de révision sont *définitives*, sauf toujours le recours

(1) Nous pouvons cependant observer qu'en matière d'expropriation pour cause d'utilité publique, le recours en cassation n'est admis contre le jugement d'expropriation ou contre les décisions du jury, que dans certains cas déterminés, pour certaines violations de la loi. (Voir notre Résumé de droit administratif, troisième édition, pages 262 et 273.)

au Conseil d'Etat pour incompétence et excès de pouvoirs. Toutefois, elle apporte une restriction à ce principe ; elle permet au ministre de la guerre, mais au ministre seulement, d'attaquer, pour *violation de la loi*, les décisions du conseil de révision. Ce pourvoi est ainsi autorisé dans l'intérêt de la loi, pour maintenir l'unité de jurisprudence; mais l'annulation profite aux parties lésées.

II. *Comme tribunal d'appel*, le Conseil d'Etat prononce sur les recours formés, en matière contentieuse, contre les décisions des tribunaux administratifs rendues en premier ressort, principalement :

1o Contre les arrêtés des conseils de préfecture (1) ;

2o Contre les arrêtés des ministres ;

3o Contre les arrêtés des préfets, pourvu que la loi ait dit : *sauf recours au Conseil d'Etat* ;

Le loi l'a dit, notamment, dans l'art. 64 de la loi du 21 avril 1810 sur les mines. Cet article accorde compétence au préfet, en matière de minières, pour déterminer dans quelles proportions les maîtres de forges ont droit à l'exploitation ou à l'achat du minerai de fer d'alluvion (2).

Si la loi n'avait pas expressément réservé ce recours direct au Conseil d'Etat, l'appel de la décision du préfet devrait être porté au ministre, son supérieur

(1) Dans un seul cas, l'appel est porté devant la Cour des comptes ; c'est lorsqu'un conseil de préfecture a statué, en premier ressort, sur les comptes des receveurs des communes et autres établissement publics dont le revenu n'excède pas 30,000 francs.

(2) D'après une loi votée en 1866, cette servitude, imposée aux propriétaires de minerais de fer au profit des maîtres de forges, ne doit subsister que jusqu'en 1876.

hiérarchique, sauf ensuite recours en appel, au Conseil d'Etat, contre l'arrêté du ministre.

III. *Comme tribunal de premier et dernier ressort*, le Conseil d'Etat statue, notamment, sur les infractions aux lois et règlements qui régissent la Banque de France et sur les contestations relatives à sa police et à son administration interieure (loi du 22 avril 1806, art. 21).

III. Formes de procéder.

Le Conseil d'Etat délibère : soit en sections, soit en assemblée générale, soit en assemblée spéciale du contentieux.

Les formes de procéder devant le Conseil d'Etat varient suivant qu'il exerce ses attributions *législative* ou *administratives* ou qu'il exerce ses attributions *contentieuses*.

§ I. Mode de procéder en matière législative ou administrative. — Nous avons dit déjà qu'en matière *législative* ou *administrative*, l'affaire était examinée par la section ou les sections auxquelles elle se rapportait, qu'ensuite elle pouvait être délibérée en assemblée générale.

Autrefois, en matière *législative et réglementaire*, c'est-à-dire pour les projets de lois et pour les règlements d'administration publique qui ne sont que le développement de la loi, le Conseil d'Etat délibérait toujours en assemblée générale, après examen préalable de la section ou des sections auxquelles l'affaire se rapportait et auxquelles pouvait être réunie la section de législation. En matière purement *admi-*

nistrative, le Conseil d'Etat, suivant l'importance de l'affaire, délibérait tantôt définitivement en section, tantôt en assemblée générale, après examen préalable de la section ou des sections compétentes.

Le loi nouvelle ne contient aucune règle spéciale sur le mode de délibération qui doit être suivi en matière législative ou administrative. Elle déclare seulement qu'un règlement d'administration publique statuera sur l'ordre intérieur des travaux du Conseil, sur la répartition des affaires entre les sections, sur la nature des affaires qui devront être portées à *l'assemblée générale*, sur le mode de roulement des membres entre les sections et sur les mesures d'exécution non prévuées par elle (art. 10).

Les art. 12 et 13 de la loi se bornent à indiquer les conditions générales de validité des délibérations du Conseil.

Les *sections administratives* ne peuvent délibérer valablement que si trois conseillers en service ordinaire sont présents, et, en cas de partage, la voix du président est prépondérante.

En *assemblée générale*, le Conseil d'Etat ne peut délibérer si treize, au moins, de ses membres ayant voix délibérative, ne sont présents ; et, en cas de partage, la voix du président est prépondérante (art. 12).

Les décrets rendus après délibération d'une ou de plusieurs sections mentionnent que ces sections ont été entendues.

Les décrets rendus après délibération de l'Assemblée générale mentionnent que le Conseil d'Etat a été entendu (art. 13).

§ II. Mode de procéder en matière contentieuse. — La loi nouvelle établit des règles spéciales : soit sur le mode de délibération en matière contentieuse, soit sur les règles particulières de procédure à suivre et pour lesquelles elle renvoie, du reste, au règlement du 22 juillet 1806 qui est formellement maintenu.

En raison de l'importance des attributions contentieuses du Conseil d'Etat, nous examinerons successivement et avec quelques détails : 1° le mode de délibération du Conseil en matière contentieuse; 2° les règles de procédure à suivre en cette matière.

Mode de délibération en matière contentieuse.

I. *Historique.* — Le mode de délibération, en matière contentieuse, a beaucoup varié. On peut distinguer, à cet égard, cinq périodes historiques.

1° De l'an VIII, époque de la création et de l'origine du Conseil d'Etat actuel, jusqu'en 1806. Pendant cette première période, le mode de délibération du Conseil d'Etat, en matière contentieuse, n'avait rien de spécial ; il était le même que celui suivi en toute autre matière. L'affaire contentieuse était d'abord examinée par la section à laquelle elle se rapportait, puis elle était délibérée en *assemblée générale.*

2° De 1806 à 1831. En 1806, deux décrets importants vinrent organiser le mode de délibération et la procédure à suivre devant le Conseil d'Etat en matière contentieuse.

Le décret du 11 juin 1806 institua une *commission* spéciale du contentieux, présidée par le ministre de la justice et composée de maîtres des requêtes et d'auditeurs. Cette commission était chargée de l'instruction des affaires contentieuses dont le rapport était confié à des *maîtres des requêtes*. Ce décret créa, en outre, les *avocats au Conseil*, ayant la mission de représenter les parties et de signer leurs requêtes et mémoires en matière contentieuse.

Le décret du 22 juillet 1806, quelque temps après la confection du Code de procédure civile, fixa les règles à observer dans l'instruction dés affaires et établit ainsi un véritable Code de procédure administrative devant le Conseil d'Etat. C'est ce décret réglementaire qui est encore en vigueur et dont nous étudierons bientôt les dispositions.

A cette époque l'instruction était seulement *écrite* et les affaires contentieuses étaient toujours délibérées en *assemblée générale*.

3° De 1831 jusqu'en 1849. Pendant cette période, les affaires contentieuses continuent à être instruites par une section spéciale, la section du contentieux; et elles sont toujours délibérées, ensuite, en assemblée générale; mais d'importantes modifications sont apportées à la législation antérieure.

En 1831, les ordonnances des 2 février et 12 mars, introduisent trois grandes innovations : la *publicité des audiences*, le *débat oral*, l'*institution du ministère public* réprésenté par les maîtres des requêtes, donnant leurs conclusions dans les affaires contentieuses.

En 1845, on proposa de donner au Conseil d'Etat un pouvoir de décision propre, en matière contentieuse; mais, après de grandes discussions, on maintint le système antérieur, d'après lequel le Conseil d'Etat, même en matière contentieuse, ne devait donner qu'un simple avis que le chef de l'Etat pouvait ou non suivre ; seulement la loi du 19 juillet 1845 vint exiger, à titre de garantie, que l'ordonnance qui ne serait pas conforme à l'avis du Conseil d'Etat, ne fût rendue que de l'avis du *conseil des ministres*, qu'elle fût *motivée* et, en outre, insérée au *Moniteur* et au *Bulletin des lois*.

4° De 1849 à 1852. En 1849, on admit l'innovation inutilement proposée en 1845 ; on décida : 1° que le Conseil d'Etat aurait un pouvoir de décision propre ; 2° que la *seule* section du contentieux aurait le droit, accordé aux tribunaux ordinaires, de rendre, en matière contentieuse, un jugement définitif, exécutoire sans aucune approbation.

5° De 1852 à la législation actuelle. En 1852 on revint aux anciennes traditions ; on enleva au Conseil d'Etat le droit de statuer avec un pouvoir de décision propre. Il n'eut plus, comme avant 1849, que le droit de donner un avis, de faire une proposition en matière contentieuse, comme en toute autre ; on admit seulement que si le chef de l'Etat s'écartait du projet, le décret devrait être inséré au *Moniteur* et au *Bulletin des lois*. Mais, un nouveau système fut adopté pour la délibération des affaires contentieuses; ce ne fut plus la seule section du contentieux qui fut appelée à délibérer, comme en 1849 ; ce ne fut pas non plus l'assemblée générale, comme cela avait eu lieu depuis l'an VIII jusqu'en 1849. On admit un système mixte.

La section du contentieux ne fut plus chargée que de l'instruction préparatoire; mais la délibération définitive fut confiée à une assemblée *spéciale* composée

1° de la section du contentieux ; 2° de dix membres pris dans les cinq autres sections.

II. *Législation actuelle.* — La nouvelle loi du 24 mai 1872 a conféré au Conseil d'Etat un pouvoir de décision propre en matière contentieuse, conformément à la loi de 1849 ; mais elle a maintenu le système mixte de délibération introduit en 1852.

En conséquence, d'une part, le Conseil d'Etat rend en matière contentieuse, des décisions définitives, souveraines. Il constitue un tribunal administratif auquel le droit de juger est délégué comme aux tribunaux ordinaires. Il prononce de véritables jugements, exécutoires par eux-mêmes, sans approbation du chef de l'Etat, ayant autorité de chose jugée et emportant hypothèque judiciaire.

D'autre part, les affaires contentieuses sont délibérées d'abord par la section du contentieux, chargée de l'instruction préparatoire, ensuite par une assemblée spéciale, investie du jugement définitif.

L'importance des affaires contentieuses, les garanties que réclamait l'intérêt des justiciables, ont fait édicter des règles spéciales pour la composition et le mode de délibération de la section du contentieux et de l'assemblée spéciale.

Section du contentieux. — La section du contentieux a un personnel plus important. Elle se compose, comme nous l'avons dit, de six conseillers d'Etat et du vice-président du Conseil d'Etat. En outre, on peut remarquer les particularités suivantes :

1° Le ministre de la justice qui est président du

Conseil d'Etat et qui peut présider les sections administratives, ne peut présider la section du contentieux;

2° Les conseillers en service extraordinaire ne peuvent y être attachés ;

3° Trois maîtres des requêtes, ayant la qualité de commissaires du gouvernement et devant assister aux délibérations de la section, sont désignés directement par le Président de la République et non par le ministre de la justice ;

4° Son secrétaire spécial est nommé par décret du président de la République ;

5° En cas de partage dans le sein de la section, on ne donne pas voix prépondérante au président ; on appelle alors le plus ancien maître des requêtes présent à la séance (art. 10, 15 et 16).

La section du contentieux ne peut délibérer valablement que si trois, au moins, de ses membres, ayant voix délibérative, sont présents.

Assemblée spéciale du contentieux. — L'assemblée spéciale du contentieux se compose :

1° Des membres de la section du contentieux ;

2° De six conseillers en service ordinaire pris dans les autres sections et désignés par le vice-président du Conseil délibérant avec les présidents de section (art. 17) (1).

Il est à remarquer que l'assemblée ne peut délibérer qu'en nombre *impair*, parce qu'on a voulu éviter les

(1) En 1852, en outre des membres de la section du contentieux, l'Assemblée devait comprendre dix autres membres pris dans les cinq autres sections. Le nombre de six, fixé par la nouvelle loi, s'explique par la réduction du personnel et du nombre des autres sections qui n'est plus que de trois.

partages; qu'elle ne décide valablement que si neuf membres au moins ayant voix délibérative sont présents; qu'enfin les membres du Conseil d'Etat ne peuvent participer au jugement des recours dirigés contre les décisions qui ont été préparées par les sections auxquelles ils appartiennent, s'ils ont pris part à la délibération (art. 20 et 21).

Règles de procédure en matière contentieuse.

Les règles de procédure, en matière contentieuse, se trouvent dans le décret réglementaire du 22 juillet 1806 qu'il faut combiner avec les dispositions de la loi nouvelle.

Toutes les règles de procédure sont relatives à la *demande*, à l'*instruction*, au *jugement* et aux *voies de recours*.

I. DEMANDE. — En ce qui touche la demande, il faut distinguer, d'après le décret du 22 juillet 1806, les affaires introduites à la requête des parties et celles introduites sur le rapport d'un ministre.

1° *Débat entre deux parties privées.* — Le recours au Conseil d'Etat par une partie privée se forme par une *requête signée d'un avocat au Conseil d'Etat*. La requête est déposée au greffe de la section du contentieux ; elle contient les noms et demeures des parties, l'exposé sommaire des faits et des moyens, les conclusions, l'énonciation des pièces dont on entend se servir et qui doivent être jointes à l'appui de la requête. Celle-ci peut être complétée par une autre requête ou mémoire ampliatif.

Le président de la section du contentieux désigne un rapporteur et, conformément à la décision de la section, rend une *ordonnance de soit communiqué* pour prescrire au demandeur de communiquer sa requête au défendeur éventuel. Cette ordonnance est *signifiée* à ce dernier dans le délai de deux mois (décret du 2 novembre 1864), afin qu'à son tour il constitue un avocat au Conseil et engage le débat contradictoirement. Un certain délai est accordé au défendeur pour fournir ses défenses. Le demandeur est autorisé à signifier un mémoire en réponse aux défenses et le défendeur, à son tour, a le droit de réplique.

Ainsi les divers actes relatifs à la demande sont : la constitution par le demandeur d'un avocat au Conseil d'Etat, le dépôt d'une requête signée de l'avocat, l'ordonnance de soit communiqué, la signification de l'ordonnance au défendeur qui doit à son tour constituer avocat.

Par exception, les particuliers sont dispensés de constituer avocat ;

1° En matière d'impôts directs ;

2° En matière d'élections ;

3° En matière de contraventions à la police du roulage ;

4° En cas de recours pour incompétence et excès de pouvoirs et pour liquidation de pension (décret du 2 novembre 1864) ;

5° En cas de recours contre les arrêtés des conseils de préfecture, relatifs à toutes les contraventions dont la répression leur est confiée, spécialement en matière de grande voirie (loi du 21 juin 1865).

2° *Débat entre l'Etat et une partie privée.* — Si l'Etat joue le rôle de demandeur, un rapport est déposé par le ministre et il en est donné communication à l'adversaire dans la forme administrative. Si la partie privée est demanderesse, le dépôt de sa requête, signée d'un avocat, vaut signification au ministre.

Dans l'un et l'autre cas, il n'intervient pas d'ordonnance de *soit communiqué*.

Délai du recours. — Le recours au Conseil d'Etat doit, en général, être formé dans le délai de trois mois, à partir de la notification de la décision attaquée (1) ; cette notification, quand elle est faite par une partie privée à une autre partie privée ou à l'Etat, a lieu par ministère d'huissier, et quand elle est faite par l'Etat aux parties privées, elle peut se faire en la forme administrative, par des agents de l'ordre administratif et même par simple lettre (art. 11, décret de 1806).

Effet du recours. — En principe, le recours au Conseil d'Etat n'est *pas suspensif* de l'exécution de la décision attaquée, même quand le Conseil d'Etat ne joue que le rôle de tribunal d'appel, sauf au Conseil d'Etat le droit d'ordonner un sursis (art. 3, décret de 1806). C'est une différence remarquable avec l'appel formé devant les juridictions ordinaires

(1) Quelquefois le recours doit avoir lieu dans le délai de deux mois. C'est ainsi que l'art. 88 de la loi du 10 août 1871 sur les Conseils généraux, fixe à deux mois le délai du recours contre certaines décisions de la commission départementale, formé devant le Conseil d'Etat, pour excès de pouvoirs ou violation de la loi ou d'un règlement d'administration publique.

de l'ordre judiciaire. Par exception, le recours est *suspensif*, en matière d'élections au Conseil d'arrondissement ou au Conseil municipal, lorsqu'il est formé par un conseiller dont l'élection a été annulée par le Conseil de préfecture (art. 54, loi du 22 juin 1833) (1).

La loi nouvelle maintient le principe que les recours contre les décisions de l'autorité administrative ne sont *pas suspensifs* ; mais elle permet aux Conseils de préfecture de subordonner l'exécution de leurs décisions, en cas de recours, à la charge de donner caution ou de justifier d'une solvabilité suivante (art. 24 de la loi nouvelle).

II. Instruction. — La section du contentieux dirige l'*instruction écrite* et *prépare* le rapport de l'affaire qui doit être ensuite jugée par l'assemblée spéciale du contentieux (art. 15 de la loi du 24 mai 1872).

Les questions posées par les rapports sont communiquées sans déplacement aux avocats, quatre jours au moins avant la séance de l'assemblée spéciale du contentieux (art. 18).

III. Jugement. — A l'audience *publique* de l'assemblée *spéciale* du contentieux le rapport est fait au nom de la section du contentieux. Les avocats des parties présentent leurs observations orales ; le maître des requêtes, commissaire du gouvernement,

(1) Dans le cas d'un recours formé contre certaines décisions de la commission départementale, l'art. 88 de la loi du 10 août 1871, déclare que le recours sera *suspensif*. Cette disposition est d'autant plus remarquable que dans ce cas le Conseil d'Etat joue le rôle de tribunal de cassation.

donne ses conclusions (art. 17 et 18); on retrouve ainsi la triple garantie, introduite en 1831, de la *publicité* des audiences, du *débat oral* et des conclusions du *ministère public*.

L'assemblée *spéciale* du Conseil d'Etat rend le jugement définitif. Sa décison est souveraine ; elle constitue un arrêt ayant, comme nous l'avons dit, autorité de chose jugée, ayant immédiatement force exécutoire et emportant hypothèque judiciaire (1).

Toutes les décisions prises par l'assemblée du Conseil d'Etat délibérant au contentieux et par la section du contentieux, sont lues en séance publique, transcrites sur le procès-verbal des délibérations et signées par le vice-président, le rapporteur et le secrétaire du contentieux.

Il y est fait mention des membres ayant délibéré. Les expéditions qui sont délivrées par le secrétaire portent la formule exécutoire (art. 22 et 23, loi du 24 mai 1872). »

IV. Voies de recours. — Les voies d'attaque contre les arrêts du Conseil d'Etat sont :

(1) Par exception, la section du contentieux rend elle-même la décision définitive dans les affaires pour lesquelles il n'y a pas constitution d'avocat, à moins que le renvoi à l'audience publique de l'assemblée spéciale n'ait été demandé par l'un des conseillers d'Etat de la section ou par le commissaire du gouvernement à qui elles sont préalablement communiquées. Si le renvoi n'a pas été demandé, ces affaires sont jugées par la section du contentieux, sur le rapport de celui de ses membres que le Président en a chargé et après les conclusions du commissaire du gouvernement (art. 19 de la loi du 24 mai 1872).

L'*opposition* contre les décisions rendues par défaut. Elle doit être formée, depuis le décret du 2 novembre 1864, dans le délai de deux mois, à partir de la notification de la décision attaquée ; elle n'a pas d'effet suspensif, à moins qu'il n'en soit autrement ordonné (art. 29-31 du décret de 1806) ;

La *révision*, voie de recours analogue à la requête civile. Elle est formée contre les décisions contradictoires, rendues sur pièces fausses ou faute par la partie condammée d'avoir représenté une pièce décisive retenue par son adversaire ou encore sans l'observation des formalités substantielles prescrites pour la délibération et le jugement des affaires contentieuses (art. 23 de la loi nouvelle et art. 32-36 du décret de 1806). —.Le délai du recours est également de deux mois, conformément au décret du 2 novembre 1864.

La *tierce-opposition*, de la part des tiers qui n'auraient pas été parties au procès. Aucun délai n'étant fixé, le recours pourrait avoir lieu pendant trente ans (art. 37 39 du décret de 1806).

— *Dépens*.— Les dépens sont liquidés à la section du contentieux par un maître des requêtes, sauf révision par le président, conformément au tarif fixé par une ordonnance du 18 janvier 1826.

Les règles sur la condamnation et la compensation des dépens sont celles établies par le Code de procédure civile ; toutefois, l'Etat n'était jamais condamné aux dépens ; mais un décret du 2 novembre 1864 a déclaré complétement applicables les articles 130 et 131 du Code de procédure civile, dans les contestations où l'administration agit comme représentant le domaine de l'Etat et dans celles qui sont relatives: soit aux marchés de fournitures, soit à l'exécution des travaux publics, dans les cas prévus par l'art. 4 de la loi du 28 pluviôse an VIII.

— D'après le décret de 1806, deux ordres d'officiers ministériels sont attachés au conseil : les *avocats* et les *huissiers*, qui exercent, en même temps, leurs fonctions près la Cour de cassation.

Les *avocats*, comme nous l'avons vu, représentent les parties, signent leurs requêtes et leurs mémoires et présentent, en outre, des observations orales à l'audience. Ils sont en même temps avoués et avocats.

Les *huissiers* ont le droit exclusif de faire les significations d'avocat à avocat, et les significations aux parties ayant leur domicile à Paris (art. 44-51, décret de 1806).

II.

DES CONFLITS ET DU TRIBUNAL DES CONFLITS

Le titre IV de la loi du 24 mai 1872 organise un tribunal spécial, chargé de statuer sur les conflits d'attributions entre l'autorité administrative et l'autorité judiciaire et il renvoie à la législation de 1848 et de 1849 pour la procédure à suivre devant ce tribunal.

Pour l'intelligence de ce titre nous donnerons des notions générales sur la législation des conflits.

Diverses espèces de conflits. — Le conflit est une lutte de compétence entre deux autorités, entre deux juridictions.

Quand la lutte existe entre deux autorités du même ordre, soit de l'ordre judiciaire, soit de l'ordre administratif, il y a conflit de *juridictions*.

Quand, au contraire, la lutte s'élève entre l'autorite judiciaire et l'autorité administrative, il y a conflit d'*attributions*.

Le conflit soit de juridictions, soit d'attributions est *positif* ou *négatif*.

Il y a conflit *positif*, lorsque les deux autorités revendiquent toutes les deux la connaissance du litige et affirment leur compétence. Il y a conflit *négatif*, lorsque toutes les deux se refusent à connaître de l'affaire et nient leur compétence, quoique le droit de juger appartienne à l'une d'elles.

Les conflits de *juridictions* de l'ordre *judiciaire* sont

réglés par le Code de procédure civile. Ils sont jugés par un tribunal supérieur duquel relèvent les deux juridictions en lutte : soit par un tribunal d'arrondissement, soit par une Cour d'appel, soit par la Cour de cassation.

Les conflits de *juridictions* de l'ordre administratif sont, comme nous l'avons vu, jugés par le Conseil d'Etat qui joue le rôle de tribunal de cassation.

Quant aux conflits d'*attributions* qui s'élèvent entre l'autorité judiciaire et l'autorité administrative, ils doivent être jugés, d'après la nouvelle loi, par un tribunal spécial, appelé *tribunal des conflits*.

CONFLITS D'ATTRIBUTIONS.

I. *Notions historiques*.—Dans l'ancien droit, c'était le roi qui, en sa qualité de supérieur commun des autorités judiciaire et administrative, était chargé de statuer, en son conseil, sur les conflits.

Après la proclamation du principe de la séparation des pouvoirs par l'Assemblée constituante, une loi des 7-14 octobre 1790 déféra le jugement des conflits au roi en son conseil des ministres.

Une loi du 21 fructidor an III attribua la connaissance des conflits au Directoire exécutif, sauf à ce dernier à en referer au Corps législatif.

Sous le Consulat, un arrêté du 5 nivôse an VIII chargea le Conseil d'Etat de statuer sur les conflits, d'après le renvoi qui en était fait par les consuls. Un arrêté du 13 brumaire an X indiqua les formes suivant lesquelles le conflit pouvait être élevé.

Sous la royauté constitutionnelle, c'était le roi en son conseil qui prononçait sur les conflits. A cette époque, deux ordonnances, encore en vigueur, furent rendues sur les conflits : l'ordonnance fondamentale du 1er juin 1828 et l'ordonnance du 12 mars 1831.

En 1848, d'après l'art. 89 de la constitution de l'époque, on créa un *tribunal des conflits* formé de deux éléments représentant l'autorité administrative et l'autorité judiciaire et composé de quatre conseillers d'Etat et de quatre conseillers à la Cour de cassation, nommés par leurs collègues. Ce tribunal était présidé par le ministre de la justice ou, en son absence, par le ministre de l'instruction publique.

D'après la constitution de 1852, c'était le chef du pouvoir exécutif, en Conseil d'Etat, qui, conformément aux anciennes traditions, prononçait sur les conflits d'attributions.

La loi nouvelle, du 24 mai 1872, consacre l'institution du tribunal des conflits qui, pendant sa courte existence, de 1848 à 1852, avait eu l'occasion de trancher des questions importantes de compétence (1).

II. *Organisation du tribunal des conflits.* — Le tribunal spécial, chargé de statuer sur les conflits, d'après la loi du 24 mai 1872, se compose :

1° Du garde des sceaux, président ;

2° De trois conseillers d'Etat en service ordinaire, élus par les conseillers en service ordinaire ;

3° De trois conseillers à la Cour de cassation, nommés par leurs collègues ;

(1) C'est le tribunal des conflits qui trancha, notamment, la question de savoir quelle était l'autorité compétente pour statuer sur les dommages *permanents*, en matière de travaux publics et la question de savoir si les travaux communaux pouvaient avoir le caractère de travaux publics (voir notre Résumé de droit administratif, 3e édition, p. 107, 114 et 117).

4° De deux membres et deux suppléants, élus par la *majorité* des juges précédents (1).

Les membres du tribunal des conflits sont soumis à réélection tous les *trois ans* et indéfiniment rééligibles.

Ils choisissent un vice-président au scrutin secret et à la majorité absolue des voix.

Ils ne peuvent délibérer valablement qu'au nombre de cinq membres présents au moins (art. 25 de la loi du 24 mai 1872).

Un secrétaire spécial, nommé par le ministre de la justice, est attaché au tribunal. Deux commissaires du gouvernement, remplissant le rôle de ministère public, sont nommés chaque année par le Président de la République. (Règlement du 26 octobre 1849 art. 3 et 5.)

III. *Procédure des conflits.* — La procédure des conflits varie suivant qu'il s'agit de conflits *positifs* ou de conflits *négatifs*. Nous examinerons séparément ces deux espèces de conflits.

(1) Cette composition est à peu près celle du tribunal des conflits de 1849. Toutefois, on y a ajouté un troisième élément, celui des membres nommés par la *majorité* des juges composant les deux autres éléments. Cette innovation a été motivée sur ce que la présidence accordée au ministre de la justice pouvait, par suite de changements ministériels, amener dans la jurisprudence du tribunal des conflits des variations et des fluctuations dangereuses. Mais en vérité, le remède est-il sérieux? L'influence du ministre de la justice, délibérant avec les membres du Conseil d'Etat et de la cour de cassation, ne se fera-t-elle pas sentir, au profit de l'élément judiciaire ou administratif, dans la nomination des membres devant composer le troisième élément? N'est-ce pas une complication inutile?

Conflits positifs.

Dans la procédure des conflits il faut distinguer deux périodes :

1° Celle qui est relative à l'élévation du conflit devant la juridiction où il prend naissance ;

2° Celle qui est relative à son jugement devant le tribunal des conflits.

PREMIÈRE PÉRIODE RELATIVE A L'ÉLÉVATION DU CONFLIT.

Le droit d'élever le conflit, c'est-à-dire de revendiquer la connaissance d'une affaire, est un moyen pour l'autorité administrative et pour l'autorité judiciaire de faire respecter le principe de la séparation des pouvoirs, d'assurer leur indépendance et de prévenir les empiétements de l'une sur l'autre. De même que l'appel comme d'abus, la faculté d'élever le conflit est une voie *réciproque*.

§ I. *De l'élévation du conflit devant l'autorité judiciaire.* — Les règles à suivre pour l'élévation du conflit devant l'autorité judiciaire sont déterminées par l'ordonnance du 1er juin 1828, modifiée et complétée par l'ordonnance du 12 mars 1831.

C'est dans un but de *restriction* que ces deux ordonnances ont été rendues. Elles ont apporté des limites au droit pour l'autorité administrative d'élever le conflit.

C'est ainsi que, d'après l'ordonnance de 1828 :

1° Le conflit ne peut *jamais* être élevé en matière *criminelle*. L'autorité administrative, en effet, n'est jamais compétente pour statuer sur des crimes. C'est à la Cour d'assises, au jury seul, qu'il appartient de prononcer sur les matières criminelles. Le conflit est interdit, même pour des questions *préjudicielles*, qui pourraient être de la compétence de l'autorité administrative, par exemple : si, à l'occasion d'un détournement de deniers par un comptable, on élevait la question préalable de la vérification de ses comptes. La loi n'a pas voulu que, dans les affaires criminelles, le cours de la justice pût être suspendu par le fait de l'administration.

2° Le conflit ne peut être élevé en matière *correctionnelle* que dans *deux cas* :

1° Lorsque la répression du *délit* est attribuée par une disposition législative à l'autorité administrative. Ainsi, pour les contraventions de grande voirie, le Conseil de Préfecture étant compétent, d'après la loi du 28 pluviôse an VIII et la loi du 29 floréal an X, si un tribunal correctionnel était saisi de la contestation, le conflit pourrait être élevé ;

2° Lorsque le jugement à rendre par le Tribunal correctionnel dépend d'une question *préjudicielle* dont la connaissance appartient à l'autorité administrative, en vertu d'une disposition de la loi. Ainsi, un entrepreneur de travaux publics a le droit de faire des fouilles et des extractions de matériaux pour la confection des ouvrages publics, dans les terrains des particuliers qui ont été désignés par le préfet. Si l'entrepreneur, cité devant le tribunal correctionnel pour avoir violé la propriété privée, se déclare *autorisé*, il y a là une question préjudicielle à l'occasion de laquelle un conflit pourrait être élevé.

— C'est surtout en matière civile, devant les tribunaux d'arrondissement et devant les Cours d'appel que le conflit est élevé.

A qui appartient le droit d'élever le conflit? — Le droit d'élever le conflit devant l'autorité judiciaire appartient au *Préfet* du département de la situation du tribunal de première instance, même quand le conflit est élevé devant la Cour d'appel.

Toutefois, avant de prendre un arrêté de conflit, le préfet doit préalablement, par ménagement pour l'autorité judiciaire, proposer un *déclinatoire* d'incompétence pour mettre en demeure l'autorité judiciaire de reconnaître elle-même son incompétence.

Le déclinatoire est adressé au procureur de la République, qui le communique au tribunal et qui donne ses conclusions comme il l'*entend*.

Si le tribunal rejette le déclinatoire et se déclare compétent, le préfet peut alors prendre un arrêté de conflit.

Si le tribunal admet les conclusions du déclinatoire et se déclare incompétent, le préfet n'aura à prendre un arrêté de conflit qu'en appel, dans le cas où il y aurait eu appel du jugement rendu sur la compétence.

Arrêté de conflit. — L'arrêté de conflit doit être pris dans le délai de *quinzaine*, du jour de l'envoi des pièces au préfet par le procureur de première instance ou le procureur général ou de la signification de l'acte d'appel, s'il y a eu appel du jugement de première instance.

L'arrêté de conflit doit :

1° Mentionner le jugement intervenu sur la compétence et l'acte d'appel qui aurait été interjeté ;

2° Reproduire les dispositions de la loi qui attribue la compétence à l'autorité administrative. En pratique, on admet qu'il suffit de se référer au principe de la séparation des pouvoirs contenu dans la loi des 16-24 août 1790 et dans la loi du 16 fructidor an III.

Le préfet doit faire déposer, au greffe, l'arrêté de conflit avec les pièces ; il est donné du tout un récépissé.

L'effet de l'arrêté de conflit est de faire *surseoir* à toute procédure devant le Tribunal ou la Cour, sous les peines édictées par l'article 128 du Code pénal.

§. II. — *De l'élévation du conflit devant l'autorité administrative.* — D'après l'article 26 de la nouvelle loi de 1872, les ministres ont le droit de revendiquer devant le *tribunal des conflits*, les affaires portées en la section du contentieux du Conseil d'Etat et qui n'appartiennent pas au contentieux administratif (1).

Toutefois, ils ne peuvent se pourvoir qu'après que la section du contentieux a refusé de faire droit à la demande en revendication qui doit lui être préalablement communiquée.

Ainsi, de même que devant l'autorité judiciaire, le préfet peut revendiquer, pour l'autorité administrative, la connaissance du litige ; de même, devant la section du contentieux du Conseil d'État, les ministres peuvent revendiquer, dans l'intérêt de l'autorité judiciaire, la connaissance de l'affaire soumise à la section.

Les articles 28-33 du règlement du 26 octobre 1849 indiquent les règles à suivre pour la revendication faite par les ministres. La procédure est analogue à

(1) La loi du 3 mars 1849 (art. 47) n'accordait ce droit de revendication qu'au ministre de la justice.

celle fixée pour la revendication par le préfet devant l'autorité judiciaire. Le ministre adresse un mémoire à la section du contentieux pour revendiquer l'affaire. La section prononce dans le mois qui suit le dépôt du rapport et dans la *quinzaine* de l'envoi de la décision au ministre, celui-ci déclare s'il entend ou non porter la revendication devant le tribunal des conflits. L'effet de la revendication est également un *sursis* à l'examen de l'affaire par la section.

DEUXIÈME PÉRIODE RELATIVE AU JUGEMENT DU CONFLIT.

Le tribunal des conflits statue sur la revendication faite par le préfet ou le ministre.

Délai pour statuer. — D'après l'ordonnance de 1831, la décision doit intervenir dans le délai de *deux mois* à dater de la réception des pièces qui ont dû être envoyées au ministre de la justice, ou du jour où le ministre a adressé au tribunal un mémoire en revendication.

Instruction. — L'affaire est examinée par un des conseillers qui est chargé de faire un rapport écrit. Elle est communiquée à un commissaire du gouvernement, jouant le rôle de ministère public. (L. 4 février 1850).

Les rapporteurs sont désignés par le ministre de la justice.

Les fonctions du ministère public sont remplies par deux commissaires du gouvernement, choisis tous les ans par le Président de la République ; l'un, parmi les maîtres des requêtes au Conseil d'Etat ; l'autre, dans le parquet de la Cour de cassation.

Le rapport doit être alternativement confié à un conseiller d'Etat et à un membre de la Cour de cassation.

Dans aucune affaire, les fonctions de rapporteur et celles du ministère public, ne peuvent être remplies par deux membres pris dans le même corps.

Le rapport est lu en séance publique ; les avocats à la Cour de cassation et au Conseil d'Etat présentent leurs observations, le commissaire du gouvernement donne ses conclusions.

L'affaire est ainsi jugée, avec la triple garantie de la *publicité des audiences*, de la *plaidoirie* et des conclusions du *ministère public*.

Jugement du conflit. — Le tribunal des conflits peut rendre plusieurs décisions :

1° Reconnaître que le conflit a été irrégulièrement élevé, par exemple, parce que l'arrêté de conflit n'a pas été pris dans les délais;

2° Déclarer que le conflit, régulier en la forme, n'est pas fondé;

3° Reconnaître que le conflit, régulièrement élevé est fondé.

Dans les deux premiers cas, le conflit étant considéré comme non avenu, la juridiction devant laquelle le conflit avait été élevé reste saisie de l'affaire et statue au fond.

Dans le dernier cas, le conflit étant régulier et fondé, la juridiction devant laquelle le conflit s'était produit est dessaisie. Et le tribunal des conflits renvoie les parties à se pourvoir devant une juridiction d'un *autre ordre*, mais sans indiquer celle qui est compétente. Il se borne à renvoyer devant *qui de droit.*

Conflits négatifs.

Le règlement du 26 octobre 1849 établit une procédure particulière pour les conflits *négatifs*, qui constituent moins une lutte de compétence qu'un déni de justice (Art. 17-24).

Lorsque l'autorité administrative et l'autorité judiciaire se sont respectivement déclarées incompétentes sur la même question, un recours peut avoir lieu devant le *Tribunal des conflits* pour faire régler la compétence.

Ce recours peut être formé :

1° Par les parties intéressées, à l'aide d'une requête signée d'un avocat au Conseil d'Etat et à la Cour de cassation ;

2° Par le ministre dans les attributions duquel se trouve placé le service public que l'affaire concerne, si elle intéresse directement l'Etat;

3° Spécialement, par le ministre de la justice, si la déclaration d'incompétence émane, d'une part, de l'autorité administrative, et d'autre part, d'un tribunal, statuant en matière de simple police ou de police correctionnelle.

En cas de conflit négatif, le droit de recourir directement au tribunal des conflits est purement facultatif. Les parties pourraient, au besoin, suivre la hiérarchie des tribunaux administratifs ou judiciaires et épuiser les divers degrés de juridictions pour faire réformer les jugements d'incompétence.

Tableau synoptique sur le Conseil d'État et le Tribunal des Conflits.

I. CONSEIL D'ÉTAT.

Organisation.

Composition. — 22 Conseillers d'Etat en serv. ord. — Elus par l'Ass. nat. — Renouv. par tiers tous les 3 ans. — Suspendus par le Prés. de la Rép. — Révocables par l'Ass. nat. — 30 ans.

15 Cons. d'Etat en serv. extr. — Nommés par D. du Pr. de la Rép. — En fonctions, tant qu'ils font partie de l'ad. active. — 30 ans.

24 Maîtres des Req. — Nommés par D. du Pr. de la Rép. — Rév. par décret. — 27 ans.

30 Auditeurs : 10 de 1re cl. nommés au concours, conf. au règl. du 9 mai 1849, parmi les auditeurs de 2e cl. — Pour une durée illimitée. — Traitement — de 25 à 30 ans. — Révoc. par décret

20 de 2e cl. — Nommés au concours pour 4 ans. — de 21 à 25 ans. — Révocables par décret.

1 Secr. gén. ayant rang et titre de M. des Req. nommé et révoc. par D. du Pr. de la Rép.

1 Secr. spéc. du contentieux. — Nommé et révoqué par D. du Pr. de la Rép.

Ministres ayant rang et séance à l'Ass. gén.

Président du C. d'Etat, Garde des sceaux.

Vice-Pr. nommé par D. du Pr. de la Rép.

Employés des bureaux nommés par le Vice-Pr. du C. d'Etat sur la prop. du Secr. gén.

Sections. — 4 dont 3 pour les aff. adm. et 1 pour les aff. content. — Dans chaque section ad. 4 cons. d'Etat et 1 Pr. — Dans la sect. du content. 6 cons. d'Etat et le Vice-Pr. du C. d'Etat. — Pr. de sect. nommés par D. du Pr. de la Rép. — Répartition des Cons. d'Etat en serv. ord. dans les sect. par D. du Pr. de la Rép. — Répart. des C. d'Etat en serv. extr., des M. des Req. et des Audit. par arrêté du Min. de la justice.

Modes de délibération : en section, — en ass. générale — en ass. spéciale du contentieux.

Attributions.

1° En matière **législative :** Avis facultatif : 1° Sur les projets d'initiative parlementaire renvoyés par l'Ass. nat. ; 2° sur les projets de loi du Gouvern. renvoyés par décret. — Au besoin, *soutien de la discussion* dev. l'Ass. nat. si le Gouvern. l'ordonne.

2° En matière **administrative :** Avis *nécessaire :* 1° sur les règlem. d'ad. publique ; 2° sur les décrets qui doivent être rendus dans la forme des règlem. — Avis *facultatif* sur les projets de décret et sur les questions soumises par le Pr. de la Rép. ou les Ministres.

3° En matière **contentieuse :** Décisions *souveraines*, exécutoires par elles-mêmes : 1° comme *tribunal de cassation :* sur les conflits de juridictions adm. ; — sur les recours pour incomp. et excès de pouvoirs, remarquables à trois titres ; — sur les recours pour violation des formes ou de la loi, si la loi l'a dit (par exemple contre les arrêts de la C. des comptes).

2° Comme *tribunal d'appel :* contre les décisions en 1er ressort, notamment des Cons. de Préf., des Ministres, et même des Préfets, directement, si la loi l'a dit.

3° Comme *tribunal de 1er et dernier ressort :* par ex. infractions aux lois et règl. de la Banque de France.

Formes de procéder.

1° En matière **législative ou administrative.** — Habituellement en section, puis en ass. gén. Autrefois, en matière législative et réglementaire : toujours en section, puis en ass. gén. et en matière purement adm., tantôt définitivement en section, tantôt en ass. gén., après délibération de la section.

2° En matière **contentieuse :** Mode spécial de délibération et règles spéciales de procédure.

1° **Mode de délibération.** *Historique :* 1° de l'an VIII à 1806 pas de règles spéciales ; 2° de 1806 à 1831. En 1806 2 décrets : l'un, du 11 juin : commission du contentieux, maîtres des requêtes, avocats au conseil ; l'autre, du 22 juillet : Règl. de procédure encore en vigueur ; 3° de 1831 à 1849. En 1831 : publicité, plaidoirie, ministère public ; 4° de 1849 à 1852 : délibération par la seule section du cont. et avec pouvoir propre ; 5° de 1852-1872 : Ass. spéciale délibérant au content. et simple avis, comme avant 1849.

Législation actuelle : Délibération en la section du contentieux, ensuite en assemblée spéciale composée : 1° de la section du cont. ; 2° de 6 membres pris dans les 3 autres sections.

2° **Règles de procédure.** Demande : 1° entre parties privées : dépôt d'une requête signée d'un avocat, ordonnance de soit communiqué, signification de la requête et de l'ordonnance au défendeur, qui constitue avocat et fournit ses réponses ; 2° entre l'Etat et une partie privée : rapport du ministre, pas d'ordon. de soit communiqué. — Instruction écrite par la section du cont. et rapport. — Jugement à l'Ass. spéciale du cont. avec publicité, plaidoirie et ministère public. — Voies de recours : Opposition, révision, tierce-opposition.

II. CONFLITS ET TRIBUNAL DES CONFLITS.

Tribunal des conflits, imité de la const. de 1848.

Organisation : 1° Garde des sceaux, Président ; 2° 3 cons. d'Etat ; 3° 3 cons. à la C. de cass. nommés par leurs collègues ; 4° 2 membres et 2 suppléants élus par les juges précédents.

Procédure des conflits.

CONFLITS POSITIFS.

1re *période :* Elévation du conflit :

1° Devant l'autorité judiciaire par le Préfet (ord. du 1er juin 1828 et 12 mars 1831) déclinatoire d'incompétence, arrêté de conflit produisant sursis. — Jamais conflit en matière criminelle ; dans deux cas, en matière correctionnelle.

2° Devant la section du contentieux, par le ministre ; mémoire en revendication.

2e *période :* Jugement du conflit par le tribunal des conflits : avec publicité, plaidoirie et ministère public représenté par un maître des requêtes du C. d'Etat et un avoc. gén. à la C. de Cassation.

CONFLITS NÉGATIFS.

Recours direct au tribunal des conflits, soit par les parties sur requête d'avocat, soit par les ministres et spéc. par le M. de Justice. — Ou recours par la voie hiérarchique devant les tribunaux judiciaires ou adm. (Règl. du 28 octobre 1849).

TEXTE DE LA LOI

PORTANT RÉORGANISATION DU CONSEIL D'ÉTAT

L'Assemblée nationale a adopté,

Le Président de la République française promulgue la loi dont la teneur suit :

TITRE I. — COMPOSITION DU CONSEIL D'ÉTAT.

Art. 1er. Le conseil d'Etat se compose de vingt-deux conseillers d'Etat en service ordinaire, et de quinze conseillers d'Etat en service extraordinaire.

Il y a auprès du conseil d'Etat : 1° vingt-quatre maîtres des requêtes, et 2° trente auditeurs.

Un secrétaire général est placé à la tête des bureaux du conseil ; il a le rang et le titre de maître des requêtes.

Un secrétaire spécial est attaché au contentieux.

Art, 2. Les ministres ont rang et séance à l'assemblée générale du conseil d'Etat. Chacun d'eux a voix délibérative, en matière non contentieuse, pour les affaires qui dépendent de son ministère. — Le garde des sceaux a voix délibérative toutes les fois qu'il préside soit l'assemblée générale, soit les sections.

Art. 3. Les conseillers d'Etat en service ordinaire sont élus par l'Assemblée nationale, en séance publique, au scrutin de liste et à la majorité absolue. Après deux épreuves, il est procédé à un scrutin de ballotage entre les candidats qui ont obtenu le plus de suffrages en nombre double de ceux qui restent encore à élire.

Avant de procéder à l'élection, l'Assemblée nationale charge une commission de quinze membres, nommée dans les bureaux, de lui proposer une liste de candidatures.

Cette liste contient des noms en nombre égal à celui des conseillers à élire, plus une moitié en sus; elle est dressée par ordre alphabétique.

L'élection ne peut avoir lieu que trois jours au moins après la distribution et la publication de la liste. Le choix de l'Assemblée peut porter sur des candidats qui ne sont pas proposés par la commission.

Les membres du conseil d'Etat ne pourront être choisis parmi les membres de l'Assemblée nationale.

Les députés démissionnaires ne pourront être élus que six mois après leur démission.

En cas de vacance, par décès ou démission d'un conseiller d'Etat, l'Assemblée nationale procède, dans le mois, à l'élection d'un nouveau membre.

Les conseillers d'Etat en service ordinaire peuvent être suspendus pour un temps qui ne pourra excéder deux mois, par décret du Président de la République, et, pendant la durée de la suspension, le conseiller suspendu sera remplacé par le plus ancien maître des requêtes de la section.

L'Assemblée nationale est de plein droit saisie de l'affaire par le décret qui a prononcé la suspension; à l'expiration du délai, elle maintient ou révoque le conseiller d'Etat.

En cas de révocation, on procède au remplacement dans le mois.

Les conseillers d'Etat sont renouvelés par tiers tous les trois ans; les membres sortants sont désignés par le sort et indéfiniment rééligibles.

Art. 4. Le conseil d'Etat est présidé par le garde des sceaux, ministre de la justice, et en son absence par un vice-président. Le vice-président est nommé par décret du Président de la République et choisi parmi les conseillers en service ordinaire.

En l'absence du garde des sceaux et du vice-président, le conseil d'Etat est présidé par le plus ancien des présidents de section en suivant l'ordre du tableau.

Art 5. Les conseillers d'Etat en service extraordinaire sont nommés par le Président de la République ; ils perdent leur titre de conseillers d'Etat, de plein droit, dès qu'ils cessent d'appartenir à l'administration active.

Les maîtres des requêtes, le secrétaire général et le secrétaire spécial du contentieux sont nommés par décret du Président de la République ; ils ne peuvent être révoqués que par un décret individuel.

Pour la nomination des maîtres des requêtes, du secrétaire général ou du secrétaire du contentieux, le vice-président et les présidents de section seront appelés à faire des présentations.

Les décrets portant révocation ne seront rendus qu'après avoir pris l'avis des présidents.

Les auditeurs sont divisés en deux classes, dont la première se compose de dix et la deuxième de vingt.

Les auditeurs de deuxième classe sont nommés au concours dans les formes et aux conditions qui seront déterminées dans un règlement que le conseil d'Etat sera chargé de faire. Ils ne restent en fonctions que pendant quatre ans et ne reçoivent aucune indemnité.

Les auditeurs de première classe seront nommés au concours dans les formes déterminées par le règlement du 9 mai 1849. Ne seront admis à concourir que les auditeurs de deuxième classe.

Néanmoins, seront admis aux épreuves du premier concours qui aura lieu après la promulgation de la présente loi, pour la première classe, tous les candidats âgés de 25 à 30 ans, qui remplissent les conditions prévues par l'art. 5 du règlement du 9 mai 1849.

Les anciens auditeurs au conseil d'Etat et ceux qui ont été attachés à la commission provisoire instituée par le décret du 15 septembre 1870, seront dispensés des épreuves préparatoires.

Les auditeurs de première classe reçoivent un traitement égal à la moitié de celui des maîtres des requêtes ; la durée de leurs fonctions n'est pas limitée.

Le tiers au moins des places des maîtres des requêtes sera réservé aux auditeurs de première classe.

Les auditeurs tant de seconde que de première classe ne peuvent être révoqués que par des décrets individuels et après avoir pris l'avis du vice-président du conseil d'Etat délibérant avec les présidents de section.

Les employés des bureaux sont nommés par le vice-président du conseil d'Etat sur la proposition du secrétaire général.

Art. 6. Nul ne peut être nommé conseiller d'Etat, s'il n'est âgé de trente ans accomplis ; maître des requêtes, s'il n'est âgé de ving-sept ans ; auditeur de deuxième classe, s'il a moins de vingt et un ans et plus de vingt-cinq ; auditeur de première classe, s'il a moins de vingt-cinq ans et plus de trente

Art. 7. Les fonctions de conseiller en service ordinaire et de maître des requêtes sont incompatibles avec toute fonction publique salariée.

Néanmoins, les officiers généraux ou supérieurs de l'armée de terre et de mer, les inspecteurs et ingénieurs des ponts et chaussées, des mines et de la marine, les professeurs de l'enseignement supérieur, peuvent être détachés au conseil d'Etat. Ils conservent, pendant la durée de leurs fonctions, les droits attribués à leurs positions sans pouvoir toutefois cumuler leur traitement avec celui du conseil d'Etat.

Les fonctions de conseillers, de maîtres des requêtes, sont incompatibles avec celles d'administrateurs de toute compagnie privilégiée ou subventionnée.

Les conseillers d'Etat et les maîtres des requêtes, lorsqu'ils quittent leurs fonctions, peuvent être nommés conseillers ou maîtres des requêtes honoraires.

Est supprimé le titre d'auditeur et de maître des requêtes, en service extraordinaire.

TITRE II. — Fonctions du conseil d'État.

Art. 8. Le conseil d'Etat donne son avis : 1° sur les projets d'initiative parlementaire que l'Assemblée nationale juge à propos de lui renvoyer ; 2° sur les projets de loi préparés par le Gouvernement, et qu'un décret spécial ordonne de soumettre au conseil d'Etat ; 3° sur les projets de décret et, en général, sur toutes les questions qui lui sont soumises par le Président de la République ou par les ministres. Il est appelé nécessairement à donner son avis sur les règlements d'administration publique et sur les décrets en forme de règlements d'administration publique. Il exerce, en outre, jusqu'à ce qu'il en soit autrement ordonné, toutes les attributions qui étaient conférées à l'ancien conseil d'Etat, par les lois ou règlements qui n'ont pas été abrogés.

Des conseillers d'Etat peuvent être chargés par le Gouvernement de soutenir devant l'Assemblée les projets des lois qui ont été renvoyés à l'examen du conseil.

Art. 9. Le conseil d'Etat statue souverainement sur les recours en matière contentieuse, administrative, et sur les demandes d'annulation pour excès de pouvoirs formées contre les actes des diverses autorités administratives.

TITRE III. — Formes de procéder.

Art. 10. Le conseil d'Etat est divisé en quatre sections, dont trois seront chargées d'examiner les affaires d'administration pure, et une de juger les recours contentieux.

La section du contentieux sera composée de six conseillers d'Etat, et du vice-président du conseil d'Etat ; les autres sections se composeront de quatre conseillers et d'un président.

Les présidents de section sont nommés par décrets du Président de la République et choisis parmi les conseillers en service ordinaire.

Le ministre de la justice a le droit de présider les sections, hormis la section du contentieux. — Les conseillers en service ordinaire sont répartis entre les sections par décrets du Président de la République. Les conseillers en service extraordinaire, les maîtres des requêtes et les auditeurs sont distribués entre les sections par arrêtés du ministre de la justice, suivant les besoins du service. Les conseillers en service extraordinaire ne peuvent pas être attachés à la section du contentieux.

Un règlement d'administration publique statuera sur l'ordre intérieur des travaux du conseil, sur la répartition des affaires entre les sections, sur la nature des affaires qui devront être portées à l'assemblée générale, sur le mode de roulement des membres entre les sections, et sur les mesures d'exécution non prévues par la présente loi.

Art. 11. Les conseillers en service extraordinaire ont voix délibérative soit à l'assemblée générale, soit à la section, dans les affaires qui dépendent du département ministériel auquel ils appartiennent. Ils n'ont que voix consultative dans les autres affaires.

Les maîtres des requêtes ont voix délibérative soit à l'assemblée générale, soit à la section, dans les affaires dont le rapport leur a été confié, et voix consultative dans les autres.

Les auditeurs ont voix délibérative à leur section, et voix consultative à l'assemblée générale, seulement dans les affaires dont ils sont les rapporteurs.

Art. 12. Le conseil d'Etat, en assemblée générale, ne peut délibérer si treize au moins de ses membres, ayant voix délibérative, ne sont présents.

En cas de partage, la voix du président est prépondérante. Les sections administratives ne peuvent délibérer valablement que si trois conseillers en service ordinaire sont présents. En cas de partage, la voix du président est prépondérante.

Art. 13. Les décrets rendus après délibération de l'assemblée générale mentionnent que le conseil d'Etat a été entendu.

Les décrets rendus après délibération d'une ou de plusieurs sections, mentionnent que ces sections ont été entendues.

Art. 14. Le Gouvernement peut appeler à prendre part aux séances de l'assemblée ou des sections, avec voix consultative, les personnes que leurs connaissances spéciales mettraient en mesure d'éclairer la discussion.

Art. 15. La section du contentieux est chargée de diriger l'instruction écrite et de préparer le rapport des affaires contentieuses qui doivent être jugées par le conseil d'Etat. Elle ne peut délibérer que si trois au moins de ses membres ayant voix délibérative, sont présents.

En cas de partage, on appellera le plus ancien des maîtres des requêtes présents à la séance. — Tous les rapports au contentieux sont faits par écrit.

Art. 16. Trois maîtres des requêtes sont désignés par le Président de la République pour remplir au contentieux les fonctions de commissaire du Gouvernement. — Ils assisteront aux délibérations de la section du contentieux.

Art. 17. Le rapport est fait, au nom de la section du contentieux, à l'assemblée publique du conseil d'Etat statuant au contentieux. Cette assemblée se compose : 1° des membres de la section ; 2° de six conseillers en service ordinaire pris dans les autres sections et désignés par le vice-président du conseil délibérant avec les présidents de section. — Les conseillers adjoints à la section du contentieux ne peuvent y être remplacés que par une décision prise dans la forme qui est suivie pour leur désignation.

Art. 18. Après le rapport, les avocats des parties présentent leurs observations orales. — Les questions posées par les rapports sont communiquées, sans déplacement, aux avocats, quatre jours au moins avant la séance. — Le commissaire du Gouvernement donne ses conclusions dans chaque affaire.

Art. 19. Les affaires pour lesquelles il n'y a pas de constitution d'avocat ne sont portées à l'audience publique que si ce renvoi a été demandé par l'un des conseillers d'Etat de la section ou par le commissaire du Gouvernement à qui elles sont préalablement communiquées. Si le renvoi n'a pas été demandé, ces affaires sont jugées par la section du contentieux, sur le rapport de celui de ses membres que le président en a chargé et après les conclusions du commissaire du Gouvernement.

Art. 20. Les membres du conseil d'Etat ne peuvent participer au jugement des recours dirigés contre les décisions qui ont été préparées par les sections auxquelles ils appartiennent, s'ils ont pris part à la délibération.

Ar.t 21. L'assemblée du conseil d'Etat statuant au contentieux ne peut délibérer qu'en nombre impair ; elle ne décide valablement que si neuf membres au moins ayant voix délibérative sont présents.

Pour compléter l'assemblée, les conseillers d'Etat absents ou empêchés peuvent être remplacés par d'autres conseillers en service ordinaire, suivant l'ordre du tableau.

Art. 22. Toutes les décisions prises par l'assemblée du conseil d'Etat délibérant au contentieux et par la section du contentieux, sout lues en séance publique, transcrites sur le procès-verbal des délibérations, et signées par le vice-président. le rapporteur et le secrétaire du contentieux, Il y est fait mention des membres ayant délibéré. Les expéditions qui sont délivrées par le secrétaire portent la formule exécutoire.

Art. 23. Le procès-verbal des séances de la section et de l'assemblée du conseil d'Etat, statuant au contentieux, mentionne l'accomplissement des dispositions contenues dans les articles 15, 17, 18, 19, 20, 21 et 22.

Dans le cas où ces dispositions n'ont pas été observées, la décision peut être l'objet d'un recours en révision qui est introduit dans les formes établies par l'article 33 du décret du 22 juillet 1806 et dans les délais fixés par le décret du 2 novembre 1864.

Art. 24. Le décret du 22 juillet 1806, les lois et règlements relatifs à l'instruction et au jugement des affaires contentieuses continueront à être observés devant la section et l'assemblée du conseil d'Etat statuant au contentieux.

Sont applicables à l'assemblée les dispositions des articles 88 et suivants du code de procédure civile sur la police des audiences.

Les recours formés contre les décisions des autorités administratives continueront à n'être pas suspensifs.

Néanmoins, les conseils de préfecture pourront subordonner l'exécution de leurs décisions, en cas de recours, à la charge de donner caution ou de justifier d'une solvabilité suffisante.

Les formalités édictées par les articles 440 et 441 du code de procédure civile seront observées pour la présentation de la caution.

TITRE IV. — Des conflits et du tribunal des conflits.

Art. 25. Les conflits d'attributions entre l'autorité administrative et l'autorité judiciaire sont réglés par un tribunal spécial composé : 1° du garde des sceaux, président ; 2° de trois conseillers d'Etat en service ordinaire élus par les conseillers en service ordinaire ; 3° de trois conseillers à la cour de cassation nommés par leur collègues ; 4° de deux membres et deux suppléants, qui seront élus par la majorité des autres juges désignés aux paragraphes précédents. Les membres du tribunal des conflits sont soumis à réélection tous les trois ans et indéfiniment rééligibles.

Ils choisissent un vice-président au scrutin secret et à la majorité absolue des voix.

Ils ne pourront délibérer valablement qu'au nombre de cinq membres présents au moins.

Art 26. Les ministres ont le droit de revendiquer devant le tribunal des conflits les affaires portées à la section du contentieux et qui n'appartiendraient pas au contentieux administratif.

Toutefois ils ne peuvent se pourvoir devant cette juridiction qu'après que la section du contentieux a refusé de faire droit à la demande en revendication qui doit lui être préalablement communiquée.

Art. 27. La loi du 4 février 1850 et le règlement du 28 octobre 1849 sur le mode de procéder devant le tribunal des conflits, sont remis en vigueur.

Art. 28. Les délais fixés pour le jugement des conflits seront suspendus pendant le temps qui s'écoulera entre la promulgation de la présente loi et l'installation du tribunal des conflits.

DISPOSITIONS TRANSITOIRES.

Art. 29. Pour le premier concours des auditeurs de deuxième classe, les canditats seront admis à concourir jusqu'à l'âge de vingt-sept ans accomplis.

Les auditeurs de deuxième classe nommés au premier concours seront admis à concourir pour la première classe jusqu'à l'âge de trente-deux ans.

Art. 30. La commission provisoire instituée par le décret du 15 septembre 1870 continuera d'exercer ses fonctions jusqu'à l'installation du nouveau conseil d'Etat.

Délibéré en séance publique, à Versailles, les 19 février, 3 et 24 mai 1872.

Le président,
Signé : JULES GRÉVY.

Les secrétaires,
Signé : vicomte DE MEAUX, FRANCISQUE RIVE, PAUL DE RÉMUSAT, baron DE BARANTE, ALBERT DESJARDINS, marquis COSTA DE BEAUREGARD.

Le président de la République,
A. THIERS

Le Garde des sceaux, ministre de la justice,
J. DUFAURE.

TABLE DES MATIÈRES

I.

CONSEIL D'ÉTAT.

Notions Historiques.

Législation actuelle.

I. — *Organisation du Conseil d'Etat.*

II. — *Attributions.*

III. — *Formes de procéder.*

II.

DES CONFLITS et du TRIBUNAL des CONFLITS

Conflits d'attributions.

Conflits positifs.

PREMIÈRE PÉRIODE RELATIVE A L'ÉLÉVATION DU CONFLIT.

DEUXIÈME PÉRIODE RELATIVE AU JUGEMENT DU CONFLIT.

Conflits négatifs.

Paris. Typ. A. PARENT, rue Monsieur-le-Prince, 31.

Paris. Typ. A. Parent, rue Monsieur-le-Prince, 31.

www.ingramcontent.com/pod-product-compliance
Ingram Content Group UK Ltd.
Pitfield, Milton Keynes, MK11 3LW, UK
UKHW031937260826
14628UKWH00004B/1694

9 782014 102635